PRÉFACE

I0142664

La collection de guides de conversation "Tout ira bien!", publié par T&P Books, est conçue pour les gens qui voyagent par affaire ou par plaisir. Les guides de conversations contiennent le plus important - l'essentiel pour la communication de base. Il s'agit d'une série indispensable de phrases pour survivre à l'étranger.

Ce guide de conversation vous aidera dans la plupart des cas où vous devez demander quelque chose, trouver une direction, découvrir le prix d'un souvenir, etc. Il peut aussi résoudre des situations de communication difficile lorsque la gesticulation n'aide pas.

Le livre contient beaucoup de phrases qui ont été groupées par thèmes. Vous trouverez aussi un vocabulaire des 3000 mots les plus couramment utilisés. Une autre section du guide contient un glossaire gastronomique qui peut être utile lorsque vous faites le marché ou commandez des plats au restaurant.

Emmenez avec vous un guide de conversation "Tout ira bien!" sur la route et vous aurez un compagnon de voyage irremplaçable qui vous aidera à vous sortir de toutes les situations et vous enseignera à ne pas avoir peur de parler aux étrangers.

TABLE DES MATIÈRES

T&P Books Publishing

Collection de guides de conversation
"Tout ira bien!"

T&P Books Publishing

GUIDE DE CONVERSATION
SERBE

Par Andrey Taranov

LES PHRASES LES PLUS UTILES

Ce guide de conversation contient les phrases et les questions les plus communes et nécessaires pour communiquer avec des étrangers

T&P BOOKS

Guide de conversation + dictionnaire de 3000 mots

Guide de conversation Français-Serbe et vocabulaire thématique de 3000 mots

Par Andrey Taranov

La collection de guides de conversation "Tout ira bien!", publiée par T&P Books, est conçue pour les gens qui voyagent par affaire ou par plaisir. Les guides contiennent l'essentiel pour la communication de base. Il s'agit d'une série indispensable de phrases pour "survivre" à l'étranger.

Ce livre inclut un dictionnaire thématique qui contient près de 3000 des mots les plus fréquemment utilisés. Une autre section du guide contient un glossaire gastronomique qui peut être utile lorsque vous faites le marché ou commandez des plats au restaurant.

T&P Books Publishing
www.tpbooks.com

ISBN: 978-1-78716-283-9

Ce livre existe également en format électronique.
Pour plus d'informations, veuillez consulter notre site: www.tpbooks.com
ou rendez-vous sur ceux des grandes librairies en ligne.

PRONONCIATION

Lettre	Exemple en serbe	Alphabet phonétique T&P	Exemple en français

Voyelles

Lettre	Exemple en serbe	Alphabet phonétique T&P	Exemple en français
A a	авлија	[a]	classe
E e	ексер	[e]	équipe
И и	излаз	[i]	stylo
O o	очи	[o]	normal
У у	ученик	[u]	boulevard

Consonnes

Lettre	Exemple en serbe	Alphabet phonétique T&P	Exemple en français
Б б	брег	[b]	bureau
В в	вода	[ʋ]	verdure
Г г	глава	[g]	gris
Д д	дим	[d]	document
Ђ ђ	ђак	[dʑ]	jean
Ж ж	жица	[ʒ]	jeunesse
З з	зец	[z]	gazeuse
J j	мој	[j]	maillot
К к	киша	[k]	bocal
Л л	лептир	[l]	vélo
Љ љ	љиљан	[ʎ]	souliers
М м	мајка	[m]	minéral
Н н	нос	[n]	ananas
Њ њ	књига	[ɲ]	canyon
П п	праг	[p]	panama
Р р	рука	[r]	racine, rouge
С с	слово	[s]	syndicat
Т т	тело	[t]	tennis
Ћ ћ	ћуран	[tɕ]	Tchèque
Ф ф	фењер	[f]	formule
Х х	хлеб	[h]	[h] aspiré
Ц ц	цео	[ts]	gratte-ciel
Ч ч	чизме	[tʃ]	match

Lettre	Exemple en serbe	Alphabet phonétique T&P	Exemple en français
Џ џ	џбун	[ʤ]	adjoint
Ш ш	шах	[ʃ]	chariot

LISTE DES ABRÉVIATIONS

Abréviations en français

adj	-	adjective
adv	-	adverbe
anim.	-	animé
conj	-	conjonction
dénombr.	-	dénombrable
etc.	-	et cetera
f	-	nom féminin
f pl	-	féminin pluriel
fam.	-	familiar
fem.	-	féminin
form.	-	formal
inanim.	-	inanimé
indénombr.	-	indénombrable
m	-	nom masculin
m pl	-	masculin pluriel
m, f	-	masculin, féminin
masc.	-	masculin
math	-	mathematics
mil.	-	militaire
pl	-	pluriel
prep	-	préposition
pron	-	pronom
qch	-	quelque chose
qn	-	quelqu'un
sing.	-	singulier
v aux	-	verbe auxiliaire
v imp	-	verbe impersonnel
vi	-	verbe intransitif
vi, vt	-	verbe intransitif, transitif
vp	-	verbe pronominal
vt	-	verbe transitif

Abréviations en serbe

ж	-	nom féminin
ж мн	-	féminin pluriel

м	-	nom masculin
м мн	-	masculin pluriel
мн	-	pluriel
с	-	neutre
с мн	-	neutre pluriel

GUIDE DE CONVERSATION SERBE

Cette section contient
des phrases importantes
qui peuvent être utiles dans
des situations courantes.
Le guide vous aidera
à demander des directions,
clarifier le prix, acheter
des billets et commander
des plats au restaurant

T&P Books Publishing

CONTENU DU GUIDE
DE CONVERSATION

T&P Books Publishing

Excusez-moi, ...	**Извините, ...** Izvinite, ...
Bonjour	**Добар дан.** Dobar dan
Merci	**Хвала вам.** Hvala vam
Au revoir	**Довиђења.** Doviđenja
Oui	**Да.** Da
Non	**Не.** Ne
Je ne sais pas.	**Не знам.** Ne znam
Où? | Où? | Quand?	**Где? | Куда? | Када?** Gde? | Kuda? | Kada?
J'ai besoin de ...	**Треба ми ...** Treba mi ...
Je veux ...	**Хоћу ...** Hoću ...
Avez-vous ... ?	**Имате ли ...?** Imate li ...?
Est-ce qu'il y a ... ici?	**Да ли овде постоји ...?** Da li ovde postoji ...?
Puis-je ... ?	**Смем ли ...?** Smem li ...?
s'il vous plaît (pour une demande)	**молим** molim
Je cherche ...	**Тражим ...** Tražim ...
les toilettes	**тоалет** toalet
un distributeur	**банкомат** bankomat
une pharmacie	**апотеку** apoteku
l'hôpital	**болницу** bolnicu
le commissariat de police	**полицијску станицу** policijsku stanicu
une station de métro	**метро** metro

un taxi	**такси** taksi
la gare	**железничку станицу** železničku stanicu

Je m'appelle …	**Ја се зовем …** Ja se zovem …
Comment vous appelez-vous?	**Како се ви зовете?** Kako se vi zovete?
Aidez-moi, s'il vous plaît.	**Да ли бисте, молим вас,** **могли да ми помогнете?** Da li biste, molim vas, mogli da mi pomognete?
J'ai un problème.	**Имам проблем.** Imam problem
Je ne me sens pas bien.	**Не осећам се добро.** Ne osećam se dobro
Appelez une ambulance!	**Позовите хитну помоћ!** Pozovite hitnu pomoć!
Puis-je faire un appel?	**Смем ли да телефонирам?** Smem li da telefoniram?

Excusez-moi.	**Извините …** Izvinite …
Je vous en prie.	**Нема на чему.** Nema na čemu

je, moi	**ја, мене** ja, mene
tu, toi	**ти** ti
il	**он** on
elle	**она** ona
ils	**они** oni
elles	**оне** one
nous	**ми** mi
vous	**ви** vi
Vous	**ви** vi

ENTRÉE	**УЛАЗ** ULAZ
SORTIE	**ИЗЛАЗ** IZLAZ
HORS SERVICE	EN PANNE	**НЕ РАДИ** NE RADI

FERMÉ	**ЗАТВОРЕНО**
	ZATVORENO
OUVERT	**ОТВОРЕНО**
	OTVORENO
POUR LES FEMMES	**ЗА ЖЕНЕ**
	ZA ŽENE
POUR LES HOMMES	**ЗА МУШКАРЦЕ**
	ZA MUŠKARCE

Questions

Où? (lieu)	**Где?** Gde?
Où? (direction)	**Куда?** Kuda?
D'où?	**Одакле?** Odakle?
Pourquoi?	**Зашто?** Zašto?
Pour quelle raison?	**Из ког разлога?** Iz kog razloga?
Quand?	**Када?** Kada?

Combien de temps?	**Колико дуго?** Koliko dugo?
À quelle heure?	**У колико сати?** U koliko sati?
C'est combien?	**Колико?** Koliko?
Avez-vous … ?	**Имате ли …?** Imate li …?
Où est …, s'il vous plaît?	**Где се налази …?** Gde se nalazi …?

Quelle heure est-il?	**Колико је сати?** Koliko je sati?
Puis-je faire un appel?	**Смем ли да телефонирам?** Smem li da telefoniram?
Qui est là?	**Ко је тамо?** Ko je tamo?
Puis-je fumer ici?	**Да ли се овде пуши?** Da li se ovde puši?
Puis-je …?	**Смем ли …?** Smem li …?

Besoins

Je voudrais …	**Волео /Волела/ бих …** Voleo /Volela/ bih …
Je ne veux pas …	**Не желим …** Ne želim …
J'ai soif.	**Жедан /Жедна/ сам.** Žedan /Žedna/ sam
Je veux dormir.	**Хоћу да спавам.** Hoću da spavam
Je veux …	**Хоћу …** Hoću …
me laver	**да се освежим** da se osvežim
brosser mes dents	**да оперем зубе** da operem zube
me reposer un instant	**да се мало одморим** da se malo odmorim
changer de vêtements	**да се пресвучем** da se presvučem
retourner à l'hôtel	**да се вратим у хотел** da se vratim u hotel
acheter …	**да купим …** da kupim …
aller à …	**да идем до …** da idem do …
visiter …	**да посетим …** da posetim …
rencontrer …	**да се нађем са …** da se nađem sa …
faire un appel	**да телефонирам** da telefoniram
Je suis fatigué /fatiguée/	**Уморан /Уморна/ сам.** Umoran /Umorna/ sam
Nous sommes fatigués /fatiguées/	**Ми смо уморни.** Mi smo umorni
J'ai froid.	**Хладно ми је.** Hladno mi je
J'ai chaud.	**Вруће ми је.** Vruće mi je
Je suis bien.	**Добро сам.** Dobro sam

Il me faut faire un appel.

Треба да телефонирам.
Treba da telefoniram

J'ai besoin d'aller aux toilettes.

Морам до тоалета.
Moram do toaleta

Il faut que j'aille.

Морам да идем.
Moram da idem

Je dois partir maintenant.

Морам одмах да идем.
Moram odmah da idem

Comment demander la direction

Excusez-moi, ...
Извините …
Izvinite …

Où est ..., s'il vous plaît?
Где се налази …?
Gde se nalazi …?

Dans quelle direction est ... ?
Куда до …?
Kuda do …?

Pouvez-vous m'aider, s'il vous plaît ?
Можете ли ми, молим вас, помоћи?
Možete li mi, molim vas, pomoći?

Je cherche ...
Тражим …
Tražim …

La sortie, s'il vous plaît?
Тражим излаз.
Tražim izlaz

Je vais à ...
Идем до …
Idem do …

C'est la bonne direction pour ...?
Јесам ли на правом путу до …?
Jesam li na pravom putu do …?

C'est loin?
Да ли је далеко?
Da li je daleko?

Est-ce que je peux y aller à pied?
Могу ли до тамо пешке?
Mogu li do tamo peške?

Pouvez-vous me le montrer sur la carte?
Можете ли да ми покажете на мапи?
Možete li da mi pokažete na mapi?

Montrez-moi où sommes-nous,
s'il vous plaît.
Покажите ми где смо ми сада.
Pokažite mi gde smo mi sada

Ici
Овде
Ovde

Là-bas
Тамо
Tamo

Par ici
Овим путем
Ovim putem

Tournez à droite.
Скрените десно.
Skrenite desno

Tournez à gauche.
Скрените лево.
Skrenite levo

Prenez la première
(deuxième, troisième) rue.
прво (друго, треће) скретање
prvo (drugo, treće) skretanje

à droite
десно
desno

à gauche

лево
levo

Continuez tout droit.

Идите само право.
Idite samo pravo

Affiches, Pancartes

BIENVENUE!	**ДОБРОДОШЛИ!** DOBRODOŠLI!
ENTRÉE	**УЛАЗ** ULAZ
SORTIE	**ИЗЛАЗ** IZLAZ
POUSSEZ	**ГУРАЈ** GURAJ
TIREZ	**ВУЦИ** VUCI
OUVERT	**ОТВОРЕНО** OTVORENO
FERMÉ	**ЗАТВОРЕНО** ZATVORENO
POUR LES FEMMES	**ЗА ЖЕНЕ** ZA ŽENE
POUR LES HOMMES	**ЗА МУШКАРЦЕ** ZA MUŠKARCE
MESSIEURS (m)	**МУШКАРЦИ** MUŠKARCI
FEMMES (f)	**ЖЕНЕ** ŽENE
RABAIS | SOLDES	**ПРОДАЈА** PRODAJA
PROMOTION	**РАСПРОДАЈА** RASPRODAJA
GRATUIT	**БЕСПЛАТНО** BESPLATNO
NOUVEAU!	**НОВО!** NOVO!
ATTENTION!	**ПАЖЊА!** PAŽNJA!
COMPLET	**НЕМА СЛОБОДНИХ МЕСТА** NEMA SLOBODNIH MESTA
RÉSERVÉ	**РЕЗЕРВИСАНО** REZERVISANO
ADMINISTRATION	**АДМИНИСТРАЦИЈА** ADMINISTRACIJA
PERSONNEL SEULEMENT	**САМО ЗА ЗАПОСЛЕНЕ** SAMO ZA ZAPOSLENE

ATTENTION AU CHIEN!	**ПАС УЈЕДА!** PAS UJEDA!
NE PAS FUMER!	**ЗАБРАЊЕНО ПУШЕЊЕ!** ZABRANJENO PUŠENJE!
NE PAS TOUCHER!	**НЕ ПИПАЈ!** NE PIPAJ!
DANGEREUX	**ОПАСНО** OPASNO
DANGER	**ОПАСНОСТ** OPASNOST
HAUTE TENSION	**ВИСОК НАПОН** VISOK NAPON
BAIGNADE INTERDITE!	**ЗАБРАЊЕНО ПЛИВАЊЕ!** ZABRANJENO PLIVANJE!
HORS SERVICE | EN PANNE	**НЕ РАДИ** NE RADI
INFLAMMABLE	**ЗАПАЉИВО** ZAPALJIVO
INTERDIT	**ЗАБРАЊЕНО** ZABRANJENO
ENTRÉE INTERDITE!	**ЗАБРАЊЕН ПРОЛАЗ!** ZABRANJEN PROLAZ!
PEINTURE FRAÎCHE	**СВЕЖЕ ОКРЕЧЕНО** SVEŽE OKREČENO
FERMÉ POUR TRAVAUX	**ЗАТВОРЕНО ЗБОГ РЕНОВИРАЊА** ZATVORENO ZBOG RENOVIRANJA
TRAVAUX EN COURS	**РАДОВИ НА ПУТУ** RADOVI NA PUTU
DÉVIATION	**ОБИЛАЗАК** OBILAZAK

Transport - Phrases générales

avion	**авион** avion
train	**воз** voz
bus, autobus	**аутобус** autobus
ferry	**трајект** trajekt
taxi	**такси** taksi
voiture	**ауто** auto

horaire	**ред вожње** red vožnje
Où puis-je voir l'horaire?	**Где могу да видим ред вожње?** Gde mogu da vidim red vožnje?
jours ouvrables	**радни дани** radni dani
jours non ouvrables	**викенди** vikendi
jours fériés	**празници** praznici

DÉPART	**ОДЛАЗАК** ODLAZAK
ARRIVÉE	**ДОЛАЗАК** DOLAZAK
RETARDÉE	**КАСНИ** KASNI
ANNULÉE	**ОТКАЗАН** OTKAZAN

prochain (train, etc.)	**следећи** sledeći
premier	**први** prvi
dernier	**последњи** poslednji

À quelle heure est le prochain ...?	**Када је следећи ...?** Kada je sledeći ...?
À quelle heure est le premier ...?	**Када је први ...?** Kada je prvi ...?

À quelle heure est le dernier …?	**Када је последњи …?** Kada je poslednji …?
correspondance	**пресeдaње** presedanje
prendre la correspondance	**имати пресeдaње** imati presedanje
Dois-je prendre la correspondance?	**Треба ли да пресeдaм?** Treba li da presedam?

Acheter un billet

Où puis-je acheter des billets?	**Где могу да купим карте?** Gde mogu da kupim karte?
billet	**карта** karta
acheter un billet	**купити карту** kupiti kartu
le prix d'un billet	**цена карте** cena karte
Pour aller où?	**Куда?** Kuda?
Quelle destination?	**До које станице?** Do koje stanice?
Je voudrais …	**Треба ми …** Treba mi …
un billet	**једна карта** jedna karta
deux billets	**две карте** dve karte
trois billets	**три карте** tri karte
aller simple	**у једном правцу** u jednom pravcu
aller-retour	**повратна** povratna
première classe	**прва класа** prva klasa
classe économique	**друга класа** druga klasa
aujourd'hui	**данас** danas
demain	**сутра** sutra
après-demain	**прекосутра** prekosutra
dans la matinée	**ујутру** ujutru
l'après-midi	**после подне** posle podne
dans la soirée	**увече** uveče

siège côté couloir

седиште до пролаза
sedište do prolaza

siège côté fenêtre

седиште поред прозора
sedište pored prozora

C'est combien?

Колико?
Koliko?

Puis-je payer avec la carte?

Могу ли да платим кредитном картицом?
Mogu li da platim kreditnom karticom?

L'autobus

bus, autobus	**Аутобус** Autobus
autocar	**међуградски аутобус** međugradski autobus
arrêt d'autobus	**аутобуска станица** autobuska stanica
Où est l'arrêt d'autobus le plus proche?	**Где је најближа аутобуска станица?** Gde je najbliža autobuska stanica?
numéro	**број** broj
Quel bus dois-je prendre pour aller à …?	**Којим аутобусом стижем до …?** Kojim autobusom stižem do …?
Est-ce que ce bus va à …?	**Да ли овај аутобус иде до …?** Da li ovaj autobus ide do …?
L'autobus passe tous les combien?	**Колико често иду аутобуси?** Koliko često idu autobusi?
chaque quart d'heure	**сваких 15 минута** svakih 15 minuta
chaque demi-heure	**сваких пола сата** svakih pola sata
chaque heure	**сваки сат** svaki sat
plusieurs fois par jour	**неколико пута дневно** nekoliko puta dnevno
… fois par jour	**… пута дневно** … puta dnevno
horaire	**ред вожње** red vožnje
Où puis-je voir l'horaire?	**Где могу да видим ред вожње?** Gde mogu da vidim red vožnje?
À quelle heure passe le prochain bus?	**Када је следећи аутобус?** Kada je sledeći autobus?
À quelle heure passe le premier bus?	**Када је први аутобус?** Kada je prvi autobus?
À quelle heure passe le dernier bus?	**Када је последњи аутобус?** Kada je poslednji autobus?
arrêt	**станица** stanica
prochain arrêt	**следећа станица** sledeća stanica

terminus	**последња станица** poslednja stanica
Pouvez-vous arrêter ici, s'il vous plaît.	**Станите овде, молим вас.** Stanite ovde, molim vas
Excusez-moi, c'est mon arrêt.	**Извините, ово је моја станица.** Izvinite, ovo je moja stanica

Train

train	**воз** voz
train de banlieue	**приградски воз** prigradski voz
train de grande ligne	**међуградски воз** međugradski voz
la gare	**железничка станица** železnička stanica
Excusez-moi, où est la sortie vers les quais?	**Извините, где је излаз до перона?** Izvinite, gde je izlaz do perona?
Est-ce que ce train va à …?	**Да ли овај воз иде до …?** Da li ovaj voz ide do …?
le prochain train	**следећи воз** sledeći voz
À quelle heure est le prochain train?	**Када полази следећи воз?** Kada polazi sledeći voz?
Où puis-je voir l'horaire?	**Где могу да видим ред вожње?** Gde mogu da vidim red vožnje?
De quel quai?	**Са ког перона?** Sa kog perona?
À quelle heure arrive le train à …?	**Када воз стиже у …?** Kada voz stiže u …?
Pouvez-vous m'aider, s'il vous plaît?	**Молим вас, помозите ми.** Molim vas, pomozite mi
Je cherche ma place.	**Тражим своје место.** Tražim svoje mesto
Nous cherchons nos places.	**Ми тражимо своја места.** Mi tražimo svoja mesta
Ma place est occupée.	**Моје место је заузето.** Moje mesto je zauzeto
Nos places sont occupées.	**Наша места су заузета.** Naša mesta su zauzeta
Excusez-moi, mais c'est ma place.	**Извините, али ово је моје место.** Izvinite, ali ovo je moje mesto
Est-ce que cette place est libre?	**Да ли је ово место заузето?** Da li je ovo mesto zauzeto?
Puis-je m'asseoir ici?	**Могу ли овде да седнем?** Mogu li ovde da sednem?

Sur le train - Dialogue (Pas de billet)

Votre billet, s'il vous plaît.
Карту, молим вас.
Kartu, molim vas

Je n'ai pas de billet.
Немам карту.
Nemam kartu

J'ai perdu mon billet.
Изгубио сам карту.
Izgubio sam kartu

J'ai oublié mon billet à la maison.
Заборавио сам карту код куће.
Zaboravio sam kartu kod kuće

Vous pouvez m'acheter un billet.
Од мене можете купити карту.
Od mene možete kupiti kartu

Vous devrez aussi payer une amende.
**Такође ћете морати
да платите казну.**
Takođe ćete morati
da platite kaznu

D'accord.
У реду.
U redu

Où allez-vous?
Где идете?
Gde idete?

Je vais à …
Идем до …
Idem do …

Combien? Je ne comprend pas.
Колико? Не разумем.
Koliko? Ne razumem

Pouvez-vous l'écrire, s'il vous plaît.
Напишите, молим вас.
Napišite, molim vas

D'accord. Puis-je payer avec la carte?
**У реду. Да ли могу да платим
кредитном картицом?**
U redu. Da li mogu da platim
kreditnom karticom?

Oui, bien sûr.
Да, можете.
Da, možete

Voici votre reçu.
Изволите рачун.
Izvolite račun

Désolé pour l'amende.
Извините због казне.
Izvinite zbog kazne

Ça va. C'est de ma faute.
У реду је. Моја грешка.
U redu je. Moja greška

Bon voyage.
Уживајте у путовању.
Uživajte u putovanju

Taxi

taxi	**такси** taksi
chauffeur de taxi	**таксиста** taksista
prendre un taxi	**ухватити такси** uhvatiti taksi
arrêt de taxi	**такси станица** taksi stanica
Où puis-je trouver un taxi?	**Где могу да нађем такси?** Gde mogu da nađem taksi?
appeler un taxi	**позвати такси** pozvati taksi
Il me faut un taxi.	**Треба ми такси.** Treba mi taksi
maintenant	**Одмах.** Odmah
Quelle est votre adresse?	**Која је ваша адреса?** Koja je vaša adresa?
Mon adresse est …	**Моја адреса је …** Moja adresa je …
Votre destination?	**Докле идете?** Dokle idete?
Excusez-moi, …	**Извините …** Izvinite …
Vous êtes libre ?	**Да ли сте слободни?** Da li ste slobodni?
Combien ça coûte pour aller à …?	**Колико кошта до …?** Koliko košta do …?
Vous savez où ça se trouve?	**Да ли знате где је?** Da li znate gde je?
À l'aéroport, s'il vous plaît.	**Аеродром, молим.** Aerodrom, molim
Arrêtez ici, s'il vous plaît.	**Станите овде, молим вас.** Stanite ovde, molim vas
Ce n'est pas ici.	**Није овде.** Nije ovde
C'est la mauvaise adresse.	**Ово је погрешна адреса.** Ovo je pogrešna adresa
tournez à gauche	**скрените лево** skrenite levo
tournez à droite	**скрените десно** skrenite desno

Combien je vous dois?	**Колико вам дугујем?** Koliko vam dugujem?
J'aimerais avoir un reçu, s'il vous plaît.	**Рачун, молим.** Račun, molim
Gardez la monnaie.	**Задржите кусур.** Zadržite kusur

Attendez-moi, s'il vous plaît …	**Да ли бисте ме сачекали, молим вас?** Da li biste me sačekali, molim vas?
cinq minutes	**пет минута** pet minuta
dix minutes	**десет минута** deset minuta
quinze minutes	**петнаест минута** petnaest minuta
vingt minutes	**двадесет минута** dvadeset minuta
une demi-heure	**пола сата** pola sata

Hôtel

Bonjour.	**Добар дан.** Dobar dan
Je m'appelle …	**Ја се зовем …** Ja se zovem …
J'ai réservé une chambre.	**Имам резервацију.** Imam rezervaciju
Je voudrais …	**Треба ми …** Treba mi …
une chambre simple	**једнокреветна соба** jednokrevetna soba
une chambre double	**двокреветна соба** dvokrevetna soba
C'est combien?	**Колико је то?** Koliko je to?
C'est un peu cher.	**То је мало скупо.** To je malo skupo
Avez-vous autre chose?	**Да ли имате неку другу могућност?** Da li imate neku drugu mogućnost?
Je vais la prendre.	**Узећу то.** Uzeću to
Je vais payer comptant.	**Платићу готовином.** Platiću gotovinom
J'ai un problème.	**Имам проблем.** Imam problem
Mon … est cassé /Ma … est cassée/	**Мој … је сломљен /Moja… је сломљена/.** Moj … je slomljen /slomljena/
Mon /Ma/ … ne fonctionne pas.	**Мој /Moja/ … не ради.** Moj /Moja/ … ne radi
télé	**телевизор (м)** televizor
air conditionné	**клима уређај (м)** klima uređaj
robinet	**славина (ж)** slavina
douche	**туш (м)** tuš
évier	**лавабо (м)** lavabo

coffre-fort	**сеф (м)** sef
serrure de porte	**брава (ж)** brava
prise électrique	**електрична утичница (ж)** električna utičnica
sèche-cheveux	**фен (м)** fen

Je n'ai pas …	**Немам …** Nemam …
d'eau	**воде** vode
de lumière	**светла** svetla
d'électricité	**струје** struje

Pouvez-vous me donner …?	**Можете ли ми дати …?** Možete li mi dati …?
une serviette	**пешкир** peškir
une couverture	**ћебе** ćebe
des pantoufles	**папуче** papuče
une robe de chambre	**баде-мантил** bade-mantil
du shampoing	**мало шампона** malo šampona
du savon	**мало сапуна** malo sapuna

Je voudrais changer ma chambre.	**Хоћу да заменим собу.** Hoću da zamenim sobu
Je ne trouve pas ma clé.	**Не могу да нађем свој кључ.** Ne mogu da nađem svoj ključ
Pourriez-vous ouvrir ma chambre, s'il vous plaît?	**Можете ли ми отворити собу, молим вас?** Možete li mi otvoriti sobu, molim vas?
Qui est là?	**Ко је тамо?** Ko je tamo?

Entrez!	**Уђите!** Uđite!
Une minute!	**Само тренутак!** Samo trenutak!
Pas maintenant, s'il vous plaît.	**Не сада, молим вас.** Ne sada, molim vas
Pouvez-vous venir à ma chambre, s'il vous plaît.	**Дођите у моју собу, молим вас.** Dođite u moju sobu, molim vas

J'aimerais avoir le service d'étage.	**Хтео бих да поручим храну.** Hteo bih da poručim hranu
Mon numéro de chambre est le …	**Број моје собе је …** Broj moje sobe je …

Je pars …	**Одлазим …** Odlazim …
Nous partons …	**Ми одлазимо …** Mi odlazimo …
maintenant	**одмах** odmah
cet après-midi	**овог поподнева** ovog popodneva
ce soir	**вечерас** večeras
demain	**сутра** sutra
demain matin	**сутра ујутру** sutra ujutru
demain après-midi	**сутра увече** sutra uveče
après-demain	**прекосутра** prekosutra

Je voudrais régler mon compte.	**Хтео бих да платим.** Hteo bih da platim
Tout était merveilleux.	**Све је било дивно.** Sve je bilo divno
Où puis-je trouver un taxi?	**Где могу да нађем такси?** Gde mogu da nađem taksi?
Pourriez-vous m'appeler un taxi, s'il vous plaît?	**Да ли бисте ми позвали такси, молим вас?** Da li biste mi pozvali taksi, molim vas?

Restaurant

Puis-je voir le menu, s'il vous plaît?	**Могу ли да погледам мени, молим вас?** Mogu li da pogledam meni, molim vas?
Une table pour une personne.	**Сто за једног.** Sto za jednog
Nous sommes deux (trois, quatre).	**Има нас двоје (троје, четворо).** Ima nas dvoje (troje, četvoro)
Fumeurs	**За пушаче** Za pušače
Non-fumeurs	**За непушаче** Za nepušače
S'il vous plaît!	**Конобар!** Konobar!
menu	**мени** meni
carte des vins	**винска карта** vinska karta
Le menu, s'il vous plaît.	**Мени, молим вас.** Meni, molim vas
Êtes-vous prêts à commander?	**Да ли сте спремни да наручите?** Da li ste spremni da naručite?
Qu'allez-vous prendre?	**Шта бисте хтели?** Šta biste hteli?
Je vais prendre …	**Ја ћу …** Ja ću …
Je suis végétarien.	**Ја сам вегетеријанац /вегетаријанка/.** Ja sam vegeterijanac /vegetarijanka/
viande	**месо** meso
poisson	**рибу** ribu
légumes	**поврће** povrće
Avez-vous des plats végétariens?	**Имате ли вегетеријанска јела?** Imate li vegeterijanska jela?
Je ne mange pas de porc.	**Не једем свињетину.** Ne jedem svinjetinu

Il /elle/ ne mange pas de viande.

Он /Она/ не једе месо.
On /Ona/ ne jede meso

Je suis allergique à …

Алергичан /Алергична/ сам на …
Alergičan /Alergična/ sam na …

Pourriez-vous m'apporter …,
s'il vous plaît.

Да ли бисте ми,
молим вас, донели …
Da li biste mi,
molim vas, doneli …

le sel | le poivre | du sucre

со | бибер | шећер
so | biber | šećer

un café | un thé | un dessert

кафу | чај | дезерт
kafu | čaj | dezert

de l'eau | gazeuse | plate

воду | газирану | негазирану
vodu | gaziranu | negaziranu

une cuillère | une fourchette | un couteau

кашику | виљушку | нож
kašiku | viljušku | nož

une assiette | une serviette

тањир | салвету
tanjir | salvetu

Bon appétit!

Пријатно!
Prijatno!

Un de plus, s'il vous plaît.

Још једно, молим.
Još jedno, molim

C'était délicieux.

Било је изврсно.
Bilo je izvrsno

l'addition | de la monnaie | le pourboire

рачун | кусур | бакшиш
račun | kusur | bakšiš

L'addition, s'il vous plaît.

Рачун, молим.
Račun, molim

Puis-je payer avec la carte?

Могу ли да платим
кредитном картицом?
Mogu li da platim
kreditnom karticom?

Excusez-moi, je crois qu'il y a une
erreur ici.

Извините, овде је грешка.
Izvinite, ovde je greška

Shopping. Faire les Magasins

Est-ce que je peux vous aider? | **Могу ли да вам помогнем?**
Mogu li da vam pomognem?

Avez-vous … ? | **Имате ли …?**
Imate li …?

Je cherche … | **Тражим …**
Tražim …

Il me faut … | **Треба ми …**
Treba mi …

Je regarde seulement, merci. | **Само гледам.**
Samo gledam

Nous regardons seulement, merci. | **Само гледамо.**
Samo gledamo

Je reviendrai plus tard. | **Вратићу се касније.**
Vratiću se kasnije

On reviendra plus tard. | **Вратићемо се касније.**
Vratićemo se kasnije

Rabais | Soldes | **попусти | распродаја**
popusti | rasprodaja

Montrez-moi, s'il vous plaît … | **Да ли бисте ми, молим вас, показали …**
Da li biste mi, molim vas, pokazali …

Donnez-moi, s'il vous plaît … | **Да ли бисте ми, молим вас, дали …**
Da li biste mi, molim vas, dali …

Est-ce que je peux l'essayer? | **Могу ли да пробам?**
Mogu li da probam?

Excusez-moi, où est la cabine d'essayage? | **Извините, где је кабина за пресвлачење?**
Izvinite, gde je kabina za presvlačenje?

Quelle couleur aimeriez-vous? | **Коју боју бисте хтели?**
Koju boju biste hteli?

taille | longueur | **величина | дужина**
veličina | dužina

Est-ce que la taille convient ? | **Како ми стоји?**
Kako mi stoji?

Combien ça coûte? | **Колико кошта?**
Koliko košta?

C'est trop cher. | **То је прескупо.**
To je preskupo

Je vais le prendre.

Узећу то.
Uzeću to

Excusez-moi, où est la caisse?

Извините, где се плаћа?
Izvinite, gde se plaća?

Payerez-vous comptant ou par carte de crédit?

Плаћате ли готовином или кредитном картицом?
Plaćate li gotovinom ili kreditnom karticom?

Comptant | par carte de crédit

Готовином | кредитном картицом
Gotovinom | kreditnom karticom

Voulez-vous un reçu?

Желите ли рачун?
Želite li račun?

Oui, s'il vous plaît.

Да, молим.
Da, molim

Non, ce n'est pas nécessaire.

Не, у реду је.
Ne, u redu je

Merci. Bonne journée!

Хвала. Пријатно!
Hvala. Prijatno!

En ville

Excusez-moi, …	**Извините, молим вас …** Izvinite, molim vas …
Je cherche …	**Тражим …** Tražim …
le métro	**метро** metro
mon hôtel	**свој хотел** svoj hotel
le cinéma	**биоскоп** bioskop
un arrêt de taxi	**такси станицу** taksi stanicu
un distributeur	**банкомат** bankomat
un bureau de change	**мењачницу** menjačnicu
un café internet	**интернет кафе** internet kafe
la rue …	**улицу …** ulicu …
cette place-ci	**ово место** ovo mesto
Savez-vous où se trouve …?	**Знате ли где је …?** Znate li gde je …?
Quelle est cette rue?	**Која је ово улица?** Koja je ovo ulica?
Montrez-moi où sommes-nous, s'il vous plaît.	**Покажите ми где смо ми сада.** Pokažite mi gde smo mi sada
Est-ce que je peux y aller à pied?	**Могу ли до тамо пешке?** Mogu li do tamo peške?
Avez-vous une carte de la ville?	**Имате ли мапу града?** Imate li mapu grada?
C'est combien pour un ticket?	**Колико кошта улазница?** Koliko košta ulaznica?
Est-ce que je peux faire des photos?	**Могу ли овде да се сликам?** Mogu li ovde da se slikam?
Êtes-vous ouvert?	**Да ли радите?** Da li radite?

À quelle heure ouvrez-vous? **Када отварате?**
Kada otvarate?

À quelle heure fermez-vous? **Када затварате?**
Kada zatvarate?

L'argent

argent	**новац** novac
argent liquide	**готовина** gotovina
des billets	**папирни новац** papirni novac
petite monnaie	**кусур, ситниш** kusur, sitniš
l'addition | de la monnaie | le pourboire	**рачун | кусур | бакшиш** račun | kusur | bakšiš
carte de crédit	**кредитна картица** kreditna kartica
portefeuille	**новчаник** novčanik
acheter	**купити** kupiti
payer	**платити** platiti
amende	**казна** kazna
gratuit	**бесплатно** besplatno
Où puis-je acheter … ?	**Где могу да купим …?** Gde mogu da kupim …?
Est-ce que la banque est ouverte en ce moment?	**Да ли је банка отворена сада?** Da li je banka otvorena sada?
À quelle heure ouvre-t-elle?	**Када се отвара?** Kada se otvara?
À quelle heure ferme-t-elle?	**Када се затвара?** Kada se zatvara?
C'est combien?	**Колико?** Koliko?
Combien ça coûte?	**Колико ово кошта?** Koliko ovo košta?
C'est trop cher.	**То је прескупо.** To je preskupo
Excusez-moi, où est la caisse?	**Извините, где се плаћа?** Izvinite, gde se plaća?
L'addition, s'il vous plaît.	**Рачун, молим.** Račun, molim

Puis-je payer avec la carte?

Могу ли да платим
кредитном картицом?
Mogu li da platim
kreditnom karticom?

Est-ce qu'il y a un distributeur ici?

Да ли овде негде има банкомат?
Da li ovde negde ima bankomat?

Je cherche un distributeur.

Тражим банкомат.
Tražim bankomat

Je cherche un bureau de change.

Тражим мењачницу.
Tražim menjačnicu

Je voudrais changer …

Хтео бих да заменим …
Hteo bih da zamenim …

Quel est le taux de change?

Колики је курс?
Koliki je kurs?

Avez-vous besoin de mon passeport?

Да ли вам треба мој пасош?
Da li vam treba moj pasoš?

Le temps

Quelle heure est-il?	**Колико је сати?** Koliko je sati?
Quand?	**Када?** Kada?
À quelle heure?	**У колико сати?** U koliko sati?
maintenant | plus tard | après ...	**сада | касније | после ...** sada | kasnije | posle ...

une heure	**један сат** jedan sat
une heure et quart	**један и петнаест** jedan i petnaest
une heure et demie	**пола два** pola dva
deux heures moins quart	**петнаест до два** petnaest do dva

un | deux | trois	**један | два | три** jedan | dva | tri
quatre | cinq | six	**четири | пет | шест** četiri | pet | šest
sept | huit | neuf	**седам | осам | девет** sedam | osam | devet
dix | onze | douze	**десет | једанаест | дванаест** deset | jedanaest | dvanaest

dans ...	**за ...** za ...
cinq minutes	**пет минута** pet minuta
dix minutes	**десет минута** deset minuta
quinze minutes	**петнаест минута** petnaest minuta
vingt minutes	**двадесет минута** dvadeset minuta

une demi-heure	**пола сата** pola sata
une heure	**сат времена** sat vremena
dans la matinée	**ујутру** ujutru

tôt le matin	**рано ујутру** rano ujutru
ce matin	**овог јутра** ovog jutra
demain matin	**сутра ујутру** sutra ujutru
à midi	**за време ручка** za vreme ručka
dans l'après-midi	**после подне** posle podne
dans la soirée	**увече** uveče
ce soir	**вечерас** večeras
la nuit	**ноћу** noću
hier	**јуче** juče
aujourd'hui	**данас** danas
demain	**сутра** sutra
après-demain	**прекосутра** prekosutra
Quel jour sommes-nous aujourd'hui?	**Који је данас дан?** Koji je danas dan?
Nous sommes …	**Данас је …** Danas je …
lundi	**Понедељак** Ponedeljak
mardi	**Уторак** Utorak
mercredi	**Среда** Sreda
jeudi	**Четвртак** Četvrtak
vendredi	**Петак** Petak
samedi	**Субота** Subota
dimanche	**Недеља** Nedelja

Salutations - Introductions

Bonjour.	**Здраво.** Zdravo
Enchanté /Enchantée/	**Драго ми је што смо се упознали.** Drago mi je što smo se upoznali
Moi aussi.	**И мени.** I meni
Je voudrais vous présenter …	**Хтео бих да упознаш …** Hteo bih da upoznaš …
Ravi /Ravie/ de vous rencontrer.	**Драго ми је што смо се упознали.** Drago mi je što smo se upoznali
Comment allez-vous?	**Како сте?** Kako ste?
Je m'appelle …	**Ја се зовем …** Ja se zovem …
Il s'appelle …	**Он се зове …** On se zove …
Elle s'appelle …	**Она се зове …** Ona se zove …
Comment vous appelez-vous?	**Како се ви зовете?** Kako se vi zovete?
Quel est son nom?	**Како се он зове?** Kako se on zove?
Quel est son nom?	**Како се она зове?** Kako se ona zove?
Quel est votre nom de famille?	**Како се презивате?** Kako se prezivate?
Vous pouvez m'appeler …	**Можете ме звати …** Možete me zvati …
D'où êtes-vous?	**Одакле сте?** Odakle ste?
Je suis de …	**Ја сам из …** Ja sam iz …
Qu'est-ce que vous faites dans la vie?	**Чиме се бавите?** Čime se bavite?
Qui est-ce?	**Ко је ово?** Ko je ovo?
Qui est-il?	**Ко је он?** Ko je on?
Qui est-elle?	**Ко је она?** Ko je ona?

Qui sont-ils?	**Ко су они?** Ko su oni?
C'est …	**Ово је …** Ovo je …
mon ami	**мој пријатељ** moj prijatelj
mon amie	**моја пријатељица** moja prijateljica
mon mari	**мој муж** moj muž
ma femme	**моја жена** moja žena
mon père	**мој отац** moj otac
ma mère	**моја мајка** moja majka
mon frère	**мој брат** moj brat
ma sœur	**моја сестра** moja sestra
mon fils	**мој син** moj sin
ma fille	**моја ћерка** moja ćerka
C'est notre fils.	**Ово је наш син.** Ovo je naš sin
C'est notre fille.	**Ово је наша ћерка.** Ovo je naša ćerka
Ce sont mes enfants.	**Ово су моја деца.** Ovo su moja deca
Ce sont nos enfants.	**Ово су наша деца.** Ovo su naša deca

Les adieux

Au revoir!	**Довиђења!** Doviđenja!
Salut!	**Ћао!** Ćao!
À demain.	**Видимо се сутра.** Vidimo se sutra
À bientôt.	**Видимо се ускоро.** Vidimo se uskoro
On se revoit à sept heures.	**Видимо се у седам.** Vidimo se u sedam

Amusez-vous bien!	**Лепо се проведите!** Lepo se provedite!
On se voit plus tard.	**Чујемо се касније.** Čujemo se kasnije
Bonne fin de semaine.	**Леп викенд.** Lep vikend
Bonne nuit.	**Лаку ноћ.** Laku noć

Il est l'heure que je parte.	**Време је да кренем.** Vreme je da krenem
Je dois m'en aller.	**Морам да кренем.** Moram da krenem
Je reviens tout de suite.	**Одмах се враћам.** Odmah se vraćam

Il est tard.	**Касно је.** Kasno je
Je dois me lever tôt.	**Морам рано да устанем.** Moram rano da ustanem
Je pars demain.	**Одлазим сутра.** Odlazim sutra
Nous partons demain.	**Одлазимо сутра.** Odlazimo sutra

Bon voyage!	**Лепо се проведите на путу!** Lepo se provedite na putu!
Enchanté de faire votre connaissance.	**Драго ми је што смо се упознали.** Drago mi je što smo se upoznali
Heureux /Heureuse/ d'avoir parlé avec vous.	**Драго ми је што смо поразговарали.** Drago mi je što smo porazgovarali
Merci pour tout.	**Хвала на свему.** Hvala na svemu

Je me suis vraiment amusé /amusée/

Лепо сам се провео /провела/.
Lepo sam se proveo /provela/

Nous nous sommes vraiment
amusés /amusées/

Лепо смо се провели.
Lepo smo se proveli

C'était vraiment plaisant.

Било је супер.
Bilo je super

Vous allez me manquer.

Недостајаћете ми.
Nedostajaćete mi

Vous allez nous manquer.

Недостајаћете нам.
Nedostajaćete nam

Bonne chance!

Срећно!
Srećno!

Mes salutations à …

Поздравите …
Pozdravite …

Une langue étrangère

Je ne comprends pas.	**Не разумем.** Ne razumem
Écrivez-le, s'il vous plaît.	**Можете ли то записати?** Možete li to zapisati?
Parlez-vous ...?	**Да ли говорите ...?** Da li govorite ...?
Je parle un peu ...	**Помало говорим ...** Pomalo govorim ...
anglais	**Енглески** Engleski
turc	**Турски** Turski
arabe	**Арапски** Arapski
français	**Француски** Francuski
allemand	**Немачки** Nemački
italien	**Италијански** Italijanski
espagnol	**Шпански** Španski
portugais	**Португалски** Portugalski
chinois	**Кинески** Kineski
japonais	**Јапански** Japanski
Pouvez-vous le répéter, s'il vous plaît.	**Можете ли то да поновите, молим вас.** Možete li to da ponovite, molim vas
Je comprends.	**Разумем.** Razumem
Je ne comprends pas.	**Не разумем.** Ne razumem
Parlez plus lentement, s'il vous plaît.	**Молим вас, говорите спорије.** Molim vas, govorite sporije

Est-ce que c'est correct?   **Јел' тако?**
                                             Jel' tako?

Qu'est-ce que c'est?   **Шта је ово?**
                                             Šta je ovo?

Les excuses

Excusez-moi, s'il vous plaît.	**Извините, молим вас.** Izvinite, molim vas
Je suis désolé /désolée/	**Извините.** Izvinite
Je suis vraiment /désolée/	**Јако ми је жао.** Jako mi je žao
Désolé /Désolée/, c'est ma faute.	**Извините, ја сам крив.** Izvinite, ja sam kriv
Au temps pour moi.	**Моја грешка.** Moja greška
Puis-je … ?	**Смем ли …?** Smem li …?
Ça vous dérange si je …?	**Да ли би вам сметало да …?** Da li bi vam smetalo da …?
Ce n'est pas grave.	**OK је.** OK je
Ça va.	**У реду је.** U redu je
Ne vous inquiétez pas.	**Не брините.** Ne brinite

Les accords

Oui

Да.
Da

Oui, bien sûr.

Да, свакако.
Da, svakako

Bien.

Добро, важи!
Dobro, važi!

Très bien.

Врло добро.
Vrlo dobro

Bien sûr!

Свакако!
Svakako!

Je suis d'accord.

Слажем се.
Slažem se

C'est correct.

Тако је.
Tako je

C'est exact.

То је тачно.
To je tačno

Vous avez raison.

Ви сте у праву.
Vi ste u pravu

Je ne suis pas contre.

Не смета ми.
Ne smeta mi

Tout à fait correct.

Потпуно тачно.
Potpuno tačno

C'est possible.

Могуће је.
Moguće je

C'est une bonne idée.

То је добра идеја.
To je dobra ideja

Je ne peux pas dire non.

Не могу да одбијем.
Ne mogu da odbijem

J'en serai ravi /ravie/

Биће ми задовољство.
Biće mi zadovoljstvo

Avec plaisir.

Са задовољством.
Sa zadovoljstvom

Refus, exprimer le doute

Non

Не.
Ne

Absolument pas.

Нипошто.
Nipošto

Je ne suis pas d'accord.

Не слажем се.
Ne slažem se

Je ne le crois pas.

Не мислим тако.
Ne mislim tako

Ce n'est pas vrai.

Није истина.
Nije istina

Vous avez tort.

Грешите.
Grešite

Je pense que vous avez tort.

Мислим да грешите.
Mislim da grešite

Je ne suis pas sûr /sûre/

Нисам сигуран /сигурна/.
Nisam siguran /sigurna/

C'est impossible.

Немогуће.
Nemoguće

Pas du tout!

Нема шансе!
Nema šanse!

Au contraire!

Потпуно супротно.
Potpuno suprotno

Je suis contre.

Ја сам против тога.
Ja sam protiv toga

Ça m'est égal.

Баш ме брига.
Baš me briga

Je n'ai aucune idée.

Немам појма.
Nemam pojma

Je doute que cela soit ainsi.

Не мислим тако.
Ne mislim tako

Désolé /Désolée/, je ne peux pas.

Жао ми је, не могу.
Žao mi je, ne mogu

Désolé /Désolée/, je ne veux pas.

Жао ми је, не желим.
Žao mi je, ne želim

Merci, mais ça ne m'intéresse pas.

Хвала, али то ми није потребно.
Hvala, ali to mi nije potrebno

Il se fait tard.

Већ је касно.
Već je kasno

Je dois me lever tôt.	**Морам рано да устанем.** Moram rano da ustanem
Je ne me sens pas bien.	**Не осећам се добро.** Ne osećam se dobro

Exprimer la gratitude

Merci.	**Хвала вам.** Hvala vam
Merci beaucoup.	**Много вам хвала.** Mnogo vam hvala
Je l'apprécie beaucoup.	**Заиста то ценим.** Zaista to cenim
Je vous suis très reconnaissant.	**Заиста сам вам захвалан /захвална/.** Zaista sam vam zahvalan /zahvalna/
Nous vous sommes très reconnaissant.	**Заиста смо вам захвални.** Zaista smo vam zahvalni
Merci pour votre temps.	**Хвала вам на времену.** Hvala vam na vremenu
Merci pour tout.	**Хвала на свему.** Hvala na svemu
Merci pour ...	**Хвала вам на ...** Hvala vam na ...
votre aide	**вашој помоћи** vašoj pomoći
les bons moments passés	**на лепом проводу** na lepom provodu
un repas merveilleux	**лепом оброку** lepom obroku
cette agréable soirée	**лепој вечери** lepoj večeri
cette merveilleuse journée	**дивном дану** divnom danu
une excursion extraordinaire	**сјајном путовању** sjajnom putovanju
Il n'y a pas de quoi.	**Није то ништа.** Nije to ništa
Vous êtes les bienvenus.	**Нема на чему.** Nema na čemu
Mon plaisir.	**У свако доба.** U svako doba
J'ai été heureux /heureuse/ de vous aider.	**Било ми је задовољство.** Bilo mi je zadovoljstvo
Ça va. N'y pensez plus.	**Заборавите на то.** Zaboravite na to
Ne vous inquiétez pas.	**Не брините за то.** Ne brinite za to

Félicitations. Vœux de fête

Félicitations!	**Честитам!** Čestitam!
Joyeux anniversaire!	**Срећан рођендан!** Srećan rođendan!
Joyeux Noël!	**Срећан Божић!** Srećan Božić!
Bonne Année!	**Срећна Нова година!** Srećna Nova godina!
Joyeuses Pâques!	**Срећан Ускрс!** Srećan Uskrs!
Joyeux Hanoukka!	**Срећна Ханука!** Srećna Hanuka!
Je voudrais proposer un toast.	**Хтео бих да наздравим.** Hteo bih da nazdravim
Santé!	**Живели!** Živeli!
Buvons à …!	**Попијмо у име …!** Popijmo u ime …!
À notre succès!	**За наш успех!** Za naš uspeh!
À votre succès!	**За ваш успех!** Za vaš uspeh!
Bonne chance!	**Срећно!** Srećno!
Bonne journée!	**Пријатан дан!** Prijatan dan!
Passez de bonnes vacances !	**Уживајте на одмору!** Uživajte na odmoru!
Bon voyage!	**Срећан пут!** Srećan put!
Rétablissez-vous vite.	**Надам се да ћете се ускоро опоравити!** Nadam se da ćete se uskoro oporaviti!

Socialiser

Pourquoi êtes-vous si triste?	**Зашто си тужна?** Zašto si tužna?
Souriez!	**Насмеши се! Разведри се!** Nasmeši se! Razvedri se!
Êtes-vous libre ce soir?	**Да ли си слободна вечерас?** Da li si slobodna večeras?
Puis-je vous offrir un verre?	**Могу ли вам понудити пиће?** Mogu li vam ponuditi piće?
Voulez-vous danser?	**Да ли сте за плес?** Da li ste za ples?
Et si on va au cinéma?	**Хајдемо у биоскоп.** Hajdemo u bioskop
Puis-je vous inviter …	**Могу ли вас позвати у …?** Mogu li vas pozvati u …?
au restaurant	**ресторан** restoran
au cinéma	**биоскоп** bioskop
au théâtre	**позориште** pozorište
pour une promenade	**у шетњу** u šetnju
À quelle heure?	**У колико сати?** U koliko sati?
ce soir	**вечерас** večeras
à six heures	**у шест** u šest
à sept heures	**у седам** u sedam
à huit heures	**у осам** u osam
à neuf heures	**у девет** u devet
Est-ce que vous aimez cet endroit?	**Да ли ти се допада овде?** Da li ti se dopada ovde?
Êtes-vous ici avec quelqu'un?	**Да ли си овде са неким?** Da li si ovde sa nekim?
Je suis avec mon ami.	**Са пријатељем /пријатељицом/.** Sa prijateljem /prijateljicom/

Je suis avec mes amis.	**Са пријатељима.** Sa prijateljima
Non, je suis seul /seule/	**Не, сâм сам. /Не, сама сам/.** Ne, sâm sam. /Ne, sama sam/

As-tu un copain?	**Да ли имаш дечка?** Da li imaš dečka?
J'ai un copain.	**Имам дечка.** Imam dečka
As-tu une copine?	**Да ли имаш девојку?** Da li imaš devojku?
J'ai une copine.	**Имам девојку.** Imam devojku

Est-ce que je peux te revoir?	**Могу ли опет да те видим?** Mogu li opet da te vidim?
Est-ce que je peux t'appeler?	**Могу ли да те позовем?** Mogu li da te pozovem?
Appelle-moi.	**Позови ме.** Pozovi me
Quel est ton numéro?	**Који ти је број телефона?** Koji ti je broj telefona?
Tu me manques.	**Недостајеш ми.** Nedostaješ mi

Vous avez un très beau nom.	**Имате лепо име.** Imate lepo ime
Je t'aime.	**Волим те.** Volim te
Veux-tu te marier avec moi?	**Удај се за мене.** Udaj se za mene
Vous plaisantez!	**Шалите се!** Šalite se!
Je plaisante.	**Само се шалим.** Samo se šalim

Êtes-vous sérieux /sérieuse/?	**Да ли сте озбиљни?** Da li ste ozbiljni?
Je suis sérieux /sérieuse/	**Озбиљан сам.** Ozbiljan sam
Vraiment?!	**Стварно?!** Stvarno?!
C'est incroyable!	**То је невероватно!** To je neverovatno!
Je ne vous crois pas.	**Не верујем вам.** Ne verujem vam

Je ne peux pas.	**Не могу.** Ne mogu
Je ne sais pas.	**Не знам.** Ne znam

Je ne vous comprends pas

Не разумем те.
Ne razumem te

Laissez-moi! Allez-vous-en!

Молим вас, одлазите.
Molim vas, odlazite

Laissez-moi tranquille!

Оставите ме на миру!
Ostavite me na miru!

Je ne le supporte pas.

Не могу да га поднесем.
Ne mogu da ga podnesem

Vous êtes dégoûtant!

Одвратни сте!
Odvratni ste!

Je vais appeler la police!

Зваћу полицију!
Zvaću policiju!

Partager des impressions. Émotions

J'aime ça.	**Свиђа ми се то.** Sviđa mi se to
C'est gentil.	**Баш лепо.** Baš lepo
C'est super!	**То је супер!** To je super!
C'est assez bien.	**Није лоше.** Nije loše
Je n'aime pas ça.	**Не свиђа ми се.** Ne sviđa mi se
Ce n'est pas bien.	**Није добро.** Nije dobro
C'est mauvais.	**Лоше је.** Loše je
Ce n'est pas bien du tout.	**Много је лоше.** Mnogo je loše
C'est dégoûtant.	**Грозно је.** Grozno je
Je suis content /contente/	**Срећан /Срећна/ сам.** Srećan /Srećna/ sam
Je suis heureux /heureuse/	**Задовољан /Задовољна/ сам.** Zadovoljan /Zadovoljna/ sam
Je suis amoureux /amoureuse/	**Заљубљен /Заљубљена/ сам.** Zaljubljen /Zaljubljena/ sam
Je suis calme.	**Миран /Мирна/ сам.** Miran /Mirna/ sam
Je m'ennuie.	**Досадно ми је.** Dosadno mi je
Je suis fatigué /fatiguée/	**Уморан /Уморна/ сам.** Umoran /Umorna/ sam
Je suis triste.	**Тужан /Тужна/ сам.** Tužan /Tužna/ sam
J'ai peur.	**Уплашен /Уплашена/ сам.** Uplašen /Uplašena/ sam
Je suis fâché /fâchée/	**Љут /Љута/ сам.** Ljut /Ljuta/ sam
Je suis inquiet /inquiète/	**Забринут /Забринута/ сам.** Zabrinut /Zabrinuta/ sam
Je suis nerveux /nerveuse/	**Нервозан /Нервозна/ сам.** Nervozan /Nervozna/ sam

Je suis jaloux /jalouse/	**Љубоморан /Љубоморна/ сам.** Ljubomoran /Ljubomorna/ sam
Je suis surpris /surprise/	**Изненађен /Изненађена/ сам.** Iznenađen /Iznenađena/ sam
Je suis gêné /gênée/	**Збуњен /Збуњена/ сам.** Zbunjen /Zbunjena/ sam

Problèmes. Accidents

J'ai un problème.	**Имам проблем.** Imam problem
Nous avons un problème.	**Имамо проблем.** Imamo problem
Je suis perdu /perdue/	**Изгубио /Изгубила/ сам се.** Izgubio /Izgubila/ sam se
J'ai manqué le dernier bus (train).	**Пропустио /пропустила/** **сам последњи аутобус (воз).** Propustio /propustila/ sam poslednji autobus (voz)
Je n'ai plus d'argent.	**Немам више новца.** Nemam više novca
J'ai perdu mon ...	**Изгубио /Изгубила/ сам ...** Izgubio /Izgubila/ sam ...
On m'a volé mon ...	**Неко ми је украо ...** Neko mi je ukrao ...
passeport	**пасош** pasoš
portefeuille	**новчаник** novčanik
papiers	**папире** papire
billet	**карту** kartu
argent	**новац** novac
sac à main	**ташну** tašnu
appareil photo	**фото-апарат** foto-aparat
portable	**лаптоп** laptop
ma tablette	**таблет рачунар** tablet računar
mobile	**мобилни телефон** mobilni telefon
Au secours!	**Помозите ми!** Pomozite mi!
Qu'est-il arrivé?	**Шта се десило?** Šta se desilo?

un incendie	**пожар** požar
des coups de feu	**пуцњава** pucnjava
un meurtre	**убиство** ubistvo
une explosion	**експлозија** eksplozija
une bagarre	**туча** tuča

Appelez la police!	**Позовите полицију!** Pozovite policiju!
Dépêchez-vous, s'il vous plaît!	**Молим вас, пожурите!** Molim vas, požurite!
Je cherche le commissariat de police.	**Тражим полицијску станицу.** Tražim policijsku stanicu
Il me faut faire un appel.	**Морам да телефонирам.** Moram da telefoniram
Puis-je utiliser votre téléphone?	**Могу ли да се послужим вашим телефоном?** Mogu li da se poslužim vašim telefonom?

J'ai été …	**Неко ме је …** Neko me je …
agressé /agressée/	**покрао** pokrao
volé /volée/	**опљачкао** opljačkao
violée	**силовао** silovao
attaqué /attaquée/	**напао** napao

Est-ce que ça va?	**Да ли сте добро?** Da li ste dobro?
Avez-vous vu qui c'était?	**Да ли сте видели ко је то био?** Da li ste videli ko je to bio?
Pourriez-vous reconnaître cette personne?	**Да ли бисте могли да препознате ту особу?** Da li biste mogli da prepoznate tu osobu?
Vous êtes sûr?	**Да ли сте сигурни?** Da li ste sigurni?

Calmez-vous, s'il vous plaît.	**Молим вас, смирите се.** Molim vas, smirite se
Calmez-vous!	**Само полако!** Samo polako!
Ne vous inquiétez pas.	**Не брините!** Ne brinite!

Tout ira bien.

Све ће бити у реду.
Sve će biti u redu

Ça va. Tout va bien.

Све је у реду.
Sve je u redu

Venez ici, s'il vous plaît.

Дођите, молим вас.
Dođite, molim vas

J'ai des questions à vous poser.

Имам питања за вас.
Imam pitanja za vas

Attendez un moment, s'il vous plaît.

Сачекајте, молим вас.
Sačekajte, molim vas

Avez-vous une carte d'identité?

Имате ли исправе?
Imate li isprave?

Merci. Vous pouvez partir maintenant.

Хвала. Можете ићи.
Hvala. Možete ići

Les mains derrière la tête!

Руке иза главе!
Ruke iza glave!

Vous êtes arrêté!

Ухапшени сте!
Uhapšeni ste!

Problèmes de santé

Aidez-moi, s'il vous plaît.	**Молим вас, помозите ми.** Molim vas, pomozite mi
Je ne me sens pas bien.	**Не осећам се добро.** Ne osećam se dobro
Mon mari ne se sent pas bien.	**Мој муж се не осећа добро.** Moj muž se ne oseća dobro
Mon fils …	**Мој син …** Moj sin …
Mon père …	**Мој отац …** Moj otac …

Ma femme ne se sent pas bien.	**Моја жена се не осећа добро.** Moja žena se ne oseća dobro
Ma fille …	**Моја ћерка …** Moja ćerka …
Ma mère …	**Моја мајка …** Moja majka …

J'ai mal …	**Боли ме …** Boli me …
à la tête	**глава** glava
à la gorge	**грло** grlo
à l'estomac	**стомак** stomak
aux dents	**зуб** zub

J'ai le vertige.	**Врти ми се у глави.** Vrti mi se u glavi
Il a de la fièvre.	**Он има температуру.** On ima temperaturu
Elle a de la fièvre.	**Она има температуру.** Ona ima temperaturu
Je ne peux pas respirer.	**Не могу да дишем.** Ne mogu da dišem

J'ai du mal à respirer.	**Не могу да удахнем.** Ne mogu da udahnem
Je suis asthmatique.	**Ја сам асматичар /асматичарка/.** Ja sam asmatičar /asmatičarka/
Je suis diabétique.	**Ја сам дијабетичар /дијабетичарка/.** Ja sam dijabetičar /dijabetičarka/

Je ne peux pas dormir.

Не могу да спавам.
Ne mogu da spavam

intoxication alimentaire

тровање храном
trovanje hranom

Ça fait mal ici.

Овде ме боли.
Ovde me boli

Aidez-moi!

Помозите ми!
Pomozite mi!

Je suis ici!

Овде сам!
Ovde sam!

Nous sommes ici!

Овде смо!
Ovde smo!

Sortez-moi d'ici!

Вадите ме одавде!
Vadite me odavde!

J'ai besoin d'un docteur.

Потребан ми је лекар.
Potreban mi je lekar

Je ne peux pas bouger!

Не могу да се померим.
Ne mogu da se pomerim

Je ne peux pas bouger mes jambes.

Не могу да померам ноге.
Ne mogu da pomeram noge

Je suis blessé /blessée/

Имам рану.
Imam ranu

Est-ce que c'est sérieux?

Да ли је озбиљно?
Da li je ozbiljno?

Mes papiers sont dans ma poche.

Документа су ми у џепу.
Dokumenta su mi u džepu

Calmez-vous!

Смирите се!
Smirite se!

Puis-je utiliser votre téléphone?

**Могу ли да се послужим
вашим телефоном?**
Mogu li da se poslužim
vašim telefonom?

Appelez une ambulance!

Позовите хитну помоћ!
Pozovite hitnu pomoć!

C'est urgent!

Хитно је!
Hitno je!

C'est une urgence!

Хитан случај!
Hitan slučaj!

Dépêchez-vous, s'il vous plaît!

Молим вас, пожурите!
Molim vas, požurite!

Appelez le docteur, s'il vous plaît.

Молим вас, зовите доктора?
Molim vas, zovite doktora?

Où est l'hôpital?

Где је болница?
Gde je bolnica?

Comment vous sentez-vous?

Како се осећате?
Kako se osećate?

Est-ce que ça va?

Да ли сте добро?
Da li ste dobro?

Qu'est-il arrivé?	**Шта се десило?** Šta se desilo?
Je me sens mieux maintenant.	**Сада се осећам боље.** Sada se osećam bolje
Ça va. Tout va bien.	**OK je.** OK je
Ça va.	**У реду је.** U redu je

À la pharmacie

pharmacie	**апотека** apoteka
pharmacie 24 heures	**дежурна апотека** dežurna apoteka
Où se trouve la pharmacie la plus proche?	**Где је најближа апотека?** Gde je najbliža apoteka?
Est-elle ouverte en ce moment?	**Да ли је отворена сада?** Da li je otvorena sada?
À quelle heure ouvre-t-elle?	**Када се отвара?** Kada se otvara?
à quelle heure ferme-t-elle?	**Када се затвара?** Kada se zatvara?
C'est loin?	**Да ли је далеко?** Da li je daleko?
Est-ce que je peux y aller à pied?	**Могу ли до тамо пешке?** Mogu li do tamo peške?
Pouvez-vous me le montrer sur la carte?	**Можете ли да ми покажете на мапи?** Možete li da mi pokažete na mapi?
Pouvez-vous me donner quelque chose contre …	**Молим вас, дајте ми нешто за …** Molim vas, dajte mi nešto za …
le mal de tête	**главобољу** glavobolju
la toux	**кашаљ** kašalj
le rhume	**прехладу** prehladu
la grippe	**грип** grip
la fièvre	**температуру** temperaturu
un mal d'estomac	**стомачне тегобе** stomačne tegobe
la nausée	**мучнину** mučninu
la diarrhée	**дијареју** dijareju
la constipation	**констипацију** konstipaciju
un mal de dos	**болове у леђима** bolove u leđima

les douleurs de poitrine	**болове у грудима** bolove u grudima
les points de côté	**бол у боку** bol u boku
les douleurs abdominales	**бол у стомаку** bol u stomaku

une pilule	**пилула** pilula
un onguent, une crème	**маст, крема** mast, krema
un sirop	**сируп** sirup
un spray	**спреј** sprej
les gouttes	**капи** kapi

Vous devez allez à l'hôpital.	**Морате у болницу.** Morate u bolnicu
assurance maladie	**здравствено осигурање** zdravstveno osiguranje
prescription	**рецепт** recept
produit anti-insecte	**нешто против инсеката** nešto protiv insekata
bandages adhésifs	**фластер** flaster

Les essentiels

Excusez-moi, …	**Извините, …** Izvinite, …
Bonjour	**Добар дан.** Dobar dan
Merci	**Хвала вам.** Hvala vam
Au revoir	**Довиђења.** Doviđenja
Oui	**Да.** Da
Non	**Не.** Ne
Je ne sais pas.	**Не знам.** Ne znam
Où?	Où?	Quand?	**Где?	Куда?	Када?** Gde?	Kuda?	Kada?
J'ai besoin de …	**Треба ми …** Treba mi …
Je veux …	**Хоћу …** Hoću …
Avez-vous … ?	**Имате ли …?** Imate li …?
Est-ce qu'il y a … ici?	**Да ли овде постоји …?** Da li ovde postoji …?
Puis-je … ?	**Смем ли …?** Smem li …?
s'il vous plaît (pour une demande)	**молим** molim
Je cherche …	**Тражим …** Tražim …
les toilettes	**тоалет** toalet
un distributeur	**банкомат** bankomat
une pharmacie	**апотеку** apoteku
l'hôpital	**болницу** bolnicu
le commissariat de police	**полицијску станицу** policijsku stanicu
une station de métro	**метро** metro

un taxi	**такси**
	taksi
la gare	**железничку станицу**
	železničku stanicu

Je m'appelle …	**Ја се зовем …**
	Ja se zovem …
Comment vous appelez-vous?	**Како се ви зовете?**
	Kako se vi zovete?
Aidez-moi, s'il vous plaît.	**Да ли бисте, молим вас, могли да ми помогнете?**
	Da li biste, molim vas, mogli da mi pomognete?
J'ai un problème.	**Имам проблем.**
	Imam problem
Je ne me sens pas bien.	**Не осећам се добро.**
	Ne osećam se dobro
Appelez une ambulance!	**Позовите хитну помоћ!**
	Pozovite hitnu pomoć!
Puis-je faire un appel?	**Смем ли да телефонирам?**
	Smem li da telefoniram?

Excusez-moi.	**Извините …**
	Izvinite …
Je vous en prie.	**Нема на чему.**
	Nema na čemu

je, moi	**ја, мене**
	ja, mene
tu, toi	**ти**
	ti
il	**он**
	on
elle	**она**
	ona
ils	**они**
	oni
elles	**оне**
	one
nous	**ми**
	mi
vous	**ви**
	vi
Vous	**ви**
	vi

ENTRÉE	**УЛАЗ**
	ULAZ
SORTIE	**ИЗЛАЗ**
	IZLAZ
HORS SERVICE | EN PANNE	**НЕ РАДИ**
	NE RADI

FERMÉ	**ЗАТВОРЕНО** ZATVORENO
OUVERT	**ОТВОРЕНО** OTVORENO
POUR LES FEMMES	**ЗА ЖЕНЕ** ZA ŽENE
POUR LES HOMMES	**ЗА МУШКАРЦЕ** ZA MUŠKARCE

T&P BOOKS

VOCABULAIRE THÉMATIQUE

Cette section contient plus de 3000 des mots les plus importants. Le dictionnaire sera d'une aide indispensable lors de voyages à l'étranger puisque les mots individuels sont souvent assez pour être compris. Le dictionnaire comprend une transcription utile de chaque mot

T&P Books Publishing

CONTENU DU DICTIONNAIRE

T&P Books Publishing

T&P BOOKS

CONCEPTS DE BASE

T&P Books Publishing

1. Les pronoms

je	**ja**	ja
tu	**ти**	ti

il	**он**	on
elle	**она**	ona
ça	**оно**	ono

nous	**ми**	mi
vous	**ви**	vi
ils	**они**	oni
elles	**оне**	one

2. Adresser des vœux. Se dire bonjour

Bonjour! (fam.)	**Здраво!**	Zdravo!
Bonjour! (form.)	**Добар дан!**	Dobar dan!
Bonjour! (le matin)	**Добро јутро!**	Dobro jutro!
Bonjour! (après-midi)	**Добар дан!**	Dobar dan!
Bonsoir!	**Добро вече!**	Dobro veče!

dire bonjour	**поздрављати се**	pozdravljati se
Salut!	**Здраво!**	Zdravo!
salut (m)	**поздрав** (м)	pozdrav
saluer (vt)	**поздрављати**	pozdravljati
Comment allez-vous?	**Како сте?**	Kako ste?
Comment ça va?	**Како си?**	Kako si?
Quoi de neuf?	**Шта има ново?**	Šta ima novo?

Au revoir! (form.)	**Довиђења!**	Doviđenja!
Au revoir! (fam.)	**Здраво!**	Zdravo!
À bientôt!	**До скорог виђења!**	Do skorog viđenja!
Adieu!	**Збогом!**	Zbogom!
dire au revoir	**опраштати се**	opraštati se
Salut! (À bientôt!)	**Здраво!**	Zdravo!

Merci!	**Хвала!**	Hvala!
Merci beaucoup!	**Хвала лепо!**	Hvala lepo!
Je vous en prie	**Нема на чему**	Nema na čemu
Il n'y a pas de quoi	**Никакав проблем!**	Nikakav problem!
Pas de quoi	**Нема на чему**	Nema na čemu
Excuse-moi!	**Извини!**	Izvini!
Excusez-moi!	**Извините!**	Izvinite!

excuser (vt)	извинити	izviniti
s'excuser (vp)	извињавати се	izvinjavati se
Mes excuses	Извињавам се	Izvinjavam se
Pardonnez-moi!	Опростите!	Oprostite!
pardonner (vt)	опраштати	opraštati
C'est pas grave	У реду је!	U redu je!
s'il vous plaît	молим	molim

N'oubliez pas!	Немојте да заборавите!	Nemojte da zaboravite!
Bien sûr!	Свакако!	Svakako!
Bien sûr que non!	Наравно да не!	Naravno da ne!
D'accord!	Цлажем се!	Clažem se!
Ça suffit!	Доста!	Dosta!

3. Les questions

Qui?	Ко?	Ko?
Quoi?	Шта?	Šta?
Où? (~ es-tu?)	Где?	Gde?
Où? (~ vas-tu?)	Куда?	Kuda?
D'où?	Одакле?	Odakle?
Quand?	Када?	Kada?
Pourquoi? (~ es-tu venu?)	Зашто? Због чега?	Zašto? Zbog čega?
Pourquoi? (~ t'es pâle?)	Зашто?	Zašto?

À quoi bon?	Због чега?	Zbog čega?
Comment?	Како?	Kako?
Quel? (à ~ prix?)	Какав?	Kakav?
Lequel?	Који?	Koji?

À qui? (pour qui?)	Коме?	Kome?
De qui?	О коме?	O kome?
De quoi?	О чему?	O čemu?
Avec qui?	С ким?	S kim?

| Combien? | Колико? | Koliko? |
| À qui? | Чији? Чија? Чије? | Čiji? Čija? Čije? |

4. Les prépositions

avec (~ toi)	са	sa
sans (~ sucre)	без	bez
à (aller ~ ...)	у	u
de (au sujet de)	о	o
avant (~ midi)	пре	pre
devant (~ la maison)	испред	ispred
sous (~ la commode)	испод	ispod
au-dessus de ...	изнад	iznad

sur (dessus)	**на**	na
de (venir ~ Paris)	**из**	iz
en (en bois, etc.)	**од**	od
dans (~ deux heures)	**за**	za
par dessus	**преко**	preko

5. Les mots-outils. Les adverbes. Partie 1

Où? (~ es-tu?)	**Где?**	Gde?
ici (c'est ~)	**овде**	ovde
là-bas (c'est ~)	**тамо**	tamo
quelque part (être)	**негде**	negde
nulle part (adv)	**нигде**	nigde
près de ...	**код**	kod
près de la fenêtre	**код прозора**	kod prozora
Où? (~ vas-tu?)	**Куда?**	Kuda?
ici (Venez ~)	**овамо**	ovamo
là-bas (j'irai ~)	**тамо**	tamo
d'ici (adv)	**одавде**	odavde
de là-bas (adv)	**одande**	odande
près (pas loin)	**близу**	blizu
loin (adv)	**далеко**	daleko
près de (~ Paris)	**у близини**	u blizini
tout près (adv)	**у близини**	u blizini
pas loin (adv)	**недалеко**	nedaleko
gauche (adj)	**леви**	levi
à gauche (être ~)	**слева**	sleva
à gauche (tournez ~)	**лево**	levo
droit (adj)	**десни**	desni
à droite (être ~)	**здесна**	zdesna
à droite (tournez ~)	**десно**	desno
devant (adv)	**спреда**	spreda
de devant (adj)	**предњи**	prednji
en avant (adv)	**унапред**	unapred
derrière (adv)	**иза**	iza
par derrière (adv)	**отпозади**	otpozadi
en arrière (regarder ~)	**унатраг**	unatrag
milieu (m)	**средина** (ж)	sredina
au milieu (adv)	**у средини**	u sredini

de côté (vue ~)	са стране	sa strane
partout (adv)	свуда	svuda
autour (adv)	око	oko
de l'intérieur	изнутра	iznutra
quelque part (aller)	некуда	nekuda
tout droit (adv)	право	pravo
en arrière (revenir ~)	назад	nazad
de quelque part (n'import d'où)	однекуд	odnekud
de quelque part (on ne sait pas d'où)	од негде	od negde
premièrement (adv)	прво	prvo
deuxièmement (adv)	друго	drugo
troisièmement (adv)	треће	treće
soudain (adv)	изненада	iznenada
au début (adv)	у почетку	u početku
pour la première fois	први пут	prvi put
bien avant ...	много пре ...	mnogo pre ...
de nouveau (adv)	поново	ponovo
pour toujours (adv)	заувек	zauvek
jamais (adv)	никад	nikad
de nouveau, encore (adv)	опет	opet
maintenant (adv)	сада	sada
souvent (adv)	често	često
alors (adv)	тада	tada
d'urgence (adv)	хитно	hitno
d'habitude (adv)	обично	obično
à propos, ...	узгред, ...	uzgred, ...
c'est possible	могуће	moguće
probablement (adv)	вероватно	verovatno
peut-être (adv)	можда	možda
en plus, ...	осим тога ...	osim toga ...
c'est pourquoi ...	због тога ...	zbog toga ...
malgré ...	без обзира на ...	bez obzira na ...
grâce à ...	захваљујући ...	zahvaljujući ...
quoi (pron)	шта	šta
que (conj)	да	da
quelque chose (Il m'est arrivé ~)	нешто	nešto
quelque chose (peut-on faire ~)	нешто	nešto
rien (m)	ништа	ništa
qui (pron)	ко	ko
quelqu'un (on ne sait pas qui)	неко	neko

quelqu'un (n'importe qui)	неко	neko
personne (pron)	нико	niko
nulle part (aller ~)	никуд	nikud
de personne	ничији	ničiji
de n'importe qui	нечији	nečiji

comme ça (adv)	тако	tako
également (adv)	такође	takođe
aussi (adv)	исто, такође	isto, takođe

6. Les mots-outils. Les adverbes. Partie 2

Pourquoi?	Зашто?	Zašto?
pour une certaine raison	из неког разлога	iz nekog razloga
parce que …	зато што …	zato što …
pour une raison quelconque	због нечега	zbog nečega

et (conj)	и	i
ou (conj)	или	ili
mais (conj)	али	ali
pour … (prep)	за	za

trop (adv)	сувише, превише	suviše, previše
seulement (adv)	само	samo
précisément (adv)	тачно	tačno
près de … (prep)	око	oko

approximativement	приближно	približno
approximatif (adj)	приближан	približan
presque (adv)	скоро, замало	skoro, zamalo
reste (m)	остало (c)	ostalo

l'autre (adj)	други	drugi
autre (adj)	другачији	drugačiji
chaque (adj)	свак	svak
n'importe quel (adj)	било који	bilo koji
beaucoup (adv)	много	mnogo
plusieurs (pron)	многи	mnogi
tous	сви	svi

en échange de …	у замену за …	u zamenu za …
en échange (adv)	у замену	u zamenu
à la main (adv)	ручно	ručno
peu probable (adj)	једва да	jedva da

probablement (adv)	вероватно	verovatno
exprès (adv)	намерно	namerno
par accident (adv)	случајно	slučajno
très (adv)	врло	vrlo

par exemple (adv)	на пример	na primer
entre (prep)	између	između
parmi (prep)	међу	među
autant (adv)	толико	toliko
surtout (adv)	нарочито	naročito

NOMBRES. DIVERS

T&P Books Publishing

zéro	нула	nula
un	један	jedan
deux	два	dva
trois	три	tri
quatre	четири	četiri
cinq	пет	pet
six	шест	šest
sept	седам	sedam
huit	осам	osam
neuf	девет	devet
dix	десет	deset
onze	једанаест	jedanaest
douze	дванаест	dvanaest
treize	тринаест	trinaest
quatorze	четрнаест	četrnaest
quinze	петнаест	petnaest
seize	шеснаест	šesnaest
dix-sept	седамнаест	sedamnaest
dix-huit	осамнаест	osamnaest
dix-neuf	деветнаест	devetnaest
vingt	двадесет	dvadeset
vingt et un	двадесет и један	dvadeset i jedan
vingt-deux	двадесет и два	dvadeset i dva
vingt-trois	двадесет и три	dvadeset i tri
trente	тридесет	trideset
trente et un	тридесет и један	trideset i jedan
trente-deux	тридесет и два	trideset i dva
trente-trois	тридесет и три	trideset i tri
quarante	четрдесет	četrdeset
quarante et un	четрдесет и један	četrdeset i jedan
quarante-deux	четрдесет и два	četrdeset i dva
quarante-trois	четрдесет и три	četrdeset i tri
cinquante	педесет	pedeset
cinquante et un	педесет и један	pedeset i jedan
cinquante-deux	педесет и два	pedeset i dva
cinquante-trois	педесет и три	pedeset i tri
soixante	шездесет	šezdeset

soixante et un	шездесет и један	šezdeset i jedan
soixante-deux	шездесет и два	šezdeset i dva
soixante-trois	шездесет и три	šezdeset i tri
soixante-dix	седамдесет	sedamdeset
soixante et onze	седамдесет и један	sedamdeset i jedan
soixante-douze	седамдесет и два	sedamdeset i dva
soixante-treize	седамдесет и три	sedamdeset i tri
quatre-vingts	осамдесет	osamdeset
quatre-vingt et un	осамдесет и један	osamdeset i jedan
quatre-vingt deux	осамдесет и два	osamdeset i dva
quatre-vingt trois	осамдесет и три	osamdeset i tri
quatre-vingt-dix	деведесет	devedeset
quatre-vingt et onze	деведесет и један	devedeset i jedan
quatre-vingt-douze	деведесет и два	devedeset i dva
quatre-vingt-treize	деведесет и три	devedeset i tri

8. Les nombres cardinaux. Partie 2

cent	сто	sto
deux cents	двеста	dvesta
trois cents	триста	trista
quatre cents	четиристо	četiristo
cinq cents	петсто	petsto
six cents	шестсто	šeststo
sept cents	седамсто	sedamsto
huit cents	осамсто	osamsto
neuf cents	деветсто	devetsto
mille	хиљада	hiljada
deux mille	две хиљаде	dve hiljade
trois mille	три хиљаде	tri hiljade
dix mille	десет хиљада	deset hiljada
cent mille	сто хиљада	sto hiljada
million (m)	милион (м)	milion
milliard (m)	милијарда (ж)	milijarda

9. Les nombres ordinaux

premier (adj)	први	prvi
deuxième (adj)	други	drugi
troisième (adj)	трећи	treći
quatrième (adj)	четврти	četvrti
cinquième (adj)	пети	peti
sixième (adj)	шести	šesti

septième (adj)	**седми**	sedmi
huitième (adj)	**осми**	osmi
neuvième (adj)	**девети**	deveti
dixième (adj)	**десети**	deseti

T&P BOOKS

LES COULEURS.
LES UNITÉS DE MESURE

T&P Books Publishing

10. Les couleurs

couleur (f)	боја (ж)	boja
teinte (f)	нијанса (ж)	nijansa
ton (m)	тон (м)	ton
arc-en-ciel (m)	дуга (ж)	duga
blanc (adj)	бео	beo
noir (adj)	црн	crn
gris (adj)	сив	siv
vert (adj)	зелен	zelen
jaune (adj)	жут	žut
rouge (adj)	црвен	crven
bleu (adj)	плав	plav
bleu clair (adj)	светло плав	svetlo plav
rose (adj)	ружичаст	ružičast
orange (adj)	наранџаст	narandžast
violet (adj)	љубичаст	ljubičast
brun (adj)	браон	braon
d'or (adj)	златан	zlatan
argenté (adj)	сребрни	srebrni
beige (adj)	беж	bež
crème (adj)	крем	krem
turquoise (adj)	тиркизан	tirkizan
rouge cerise (adj)	боја вишње	boja višnje
lilas (adj)	лила	lila
framboise (adj)	гримизан	grimizan
clair (adj)	светао	svetao
foncé (adj)	таман	taman
vif (adj)	јарки	jarki
de couleur (adj)	обојен	obojen
en couleurs (adj)	у боји	u boji
noir et blanc (adj)	црно-бели	crno-beli
unicolore (adj)	једнобојан	jednobojan
multicolore (adj)	разнобојан	raznobojan

11. Les unités de mesure

poids (m)	тежина (ж)	težina
longueur (f)	дужина (ж)	dužina

largeur (f)	ширина (ж)	širina
hauteur (f)	висина (ж)	visina
profondeur (f)	дубина (ж)	dubina
volume (m)	запремина (ж)	zapremina
aire (f)	површина (ж)	površina
gramme (m)	грам (м)	gram
milligramme (m)	милиграм (м)	miligram
kilogramme (m)	килограм (м)	kilogram
tonne (f)	тона (ж)	tona
livre (f)	фунта (ж)	funta
once (f)	унца (ж)	unca
mètre (m)	метар (м)	metar
millimètre (m)	милиметар (м)	milimetar
centimètre (m)	сантиметар (м)	santimetar
kilomètre (m)	километар (м)	kilometar
mille (m)	миља (ж)	milja
pouce (m)	палац (м)	palac
pied (m)	стопа (ж)	stopa
yard (m)	јарда (ж)	jarda
mètre (m) carré	квадратни метар (м)	kvadratni metar
hectare (m)	хектар (м)	hektar
litre (m)	литар (м)	litar
degré (m)	степен (ж)	stepen
volt (m)	волт (м)	volt
ampère (m)	ампер (м)	amper
cheval-vapeur (m)	коњска снага (ж)	konjska snaga
quantité (f)	количина (ж)	količina
un peu de …	мало …	malo …
moitié (f)	половина (ж)	polovina
douzaine (f)	туце (с)	tuce
pièce (f)	комад (м)	komad
dimension (f)	величина (ж)	veličina
échelle (f) (de la carte)	размер (м)	razmer
minimal (adj)	минималан	minimalan
le plus petit (adj)	најмањи	najmanji
moyen (adj)	средњи	srednji
maximal (adj)	максималан	maksimalan
le plus grand (adj)	највећи	najveći

12. Les récipients

| bocal (m) en verre | тегла (ж) | tegla |
| boîte, canette (f) | лименка (ж) | limenka |

seau (m)	**ведро** (c)	vedro
tonneau (m)	**буре** (c)	bure
bassine, cuvette (f)	**лавор** (м)	lavor
cuve (f)	**резервоар** (м)	rezervoar
flasque (f)	**чутурица** (ж)	čuturica
jerrican (m)	**канта** (ж)	kanta
citerne (f)	**цистерна** (ж)	cisterna
tasse (f), mug (m)	**кригла** (ж)	krigla
tasse (f)	**шоља** (ж)	šolja
soucoupe (f)	**тацна** (ж)	tacna
verre (m) (~ d'eau)	**чаша** (ж)	čaša
verre (m) à vin	**чаша** (ж) **за вино**	čaša za vino
faitout (m)	**лонац** (м)	lonac
bouteille (f)	**боца** (ж), **флаша** (ж)	boca, flaša
goulot (m)	**грлић** (м)	grlić
carafe (f)	**бокал** (м)	bokal
pichet (m)	**крчаг** (м)	krčag
récipient (m)	**суд** (м)	sud
pot (m)	**лонац** (м)	lonac
vase (m)	**ваза** (ж)	vaza
flacon (m)	**боца, бочица** (ж)	boca, bočica
fiole (f)	**бочица** (ж)	bočica
tube (m)	**туба** (ж)	tuba
sac (m) (grand ~)	**џак** (м)	džak
sac (m) (~ en plastique)	**кеса** (ж)	kesa
paquet (m) (~ de cigarettes)	**пакла** (ж)	pakla
boîte (f)	**кутија** (ж)	kutija
caisse (f)	**сандук** (м)	sanduk
panier (m)	**корпа** (ж)	korpa

LES VERBES
LES PLUS IMPORTANTS

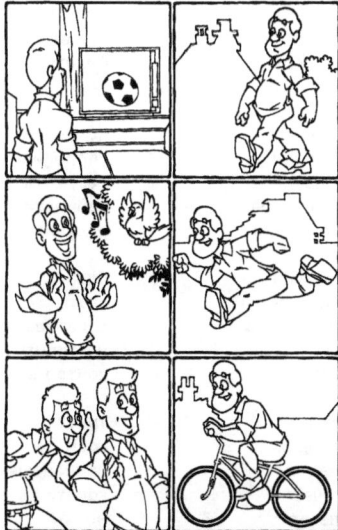

T&P Books Publishing

aider (vt)	помагати	pomagati
aimer (qn)	волети	voleti
aller (à pied)	ићи	ići
apercevoir (vt)	запазити	zapaziti
appartenir à …	припадати	pripadati
appeler (au secours)	звати	zvati
attendre (vt)	чекати	čekati
attraper (vt)	хватати	hvatati
avertir (vt)	упозорити	upozoriti
avoir (vt)	имати	imati
avoir confiance	веровати	verovati
avoir faim	бити гладан	biti gladan
avoir peur	плашити се, бојати се	plašiti se, bojati se
avoir soif	бити жедан	biti žedan
cacher (vt)	крити	kriti
casser (briser)	ломити	lomiti
cesser (vt)	прекинути	prekinuti
changer (vt)	променити	promeniti
chasser (animaux)	ловити	loviti
chercher (vt)	тражити	tražiti
choisir (vt)	бирати	birati
commander (~ le menu)	наручити	naručiti
commencer (vt)	почињати	počinjati
comparer (vt)	упоређивати	upoređivati
comprendre (vt)	разумети	razumeti
compter (dénombrer)	сабирати	sabirati
compter sur …	рачунати на …	računati na …
confondre (vt)	бркати	brkati
connaître (qn)	знати	znati
conseiller (vt)	саветовати	savetovati
continuer (vt)	наставити	nastaviti
contrôler (vt)	контролисати	kontrolisati
courir (vi)	трчати	trčati
coûter (vt)	коштати	koštati
créer (vt)	направити	napraviti
creuser (vt)	копати	kopati
crier (vi)	викати	vikati

14. Les verbes les plus importants. Partie 2

décorer (~ la maison)	украшавати	ukrašavati
défendre (vt)	бранити	braniti
déjeuner (vi)	ручати	ručati
demander (~ l'heure)	питати	pitati
demander (de faire qch)	молити	moliti
descendre (vi)	спуштати се	spuštati se
deviner (vt)	одгонетнути	odgonetnuti
dîner (vi)	вечерати	večerati
dire (vt)	рећи	reći
diriger (~ une usine)	руководити	rukovoditi
discuter (vt)	расправљати	raspravljati
donner (vt)	давати	davati
donner un indice	наговестити	nagovestiti
douter (vt)	сумњати	sumnjati
écrire (vt)	писати	pisati
entendre (bruit, etc.)	чути	čuti
entrer (vi)	ући	ući
envoyer (vt)	послати	poslati
espérer (vi)	надати се	nadati se
essayer (vt)	пробати	probati
être (vi)	бити	biti
être d'accord	слагати се	slagati se
être nécessaire	бити потребан	biti potreban
être pressé	журити се	žuriti se
étudier (vt)	студирати	studirati
excuser (vt)	опростити	oprostiti
exiger (vt)	захтевати, тражити	zahtevati, tražiti
exister (vi)	постојати	postojati
expliquer (vt)	објашњавати	objašnjavati
faire (vt)	радити	raditi
faire tomber	испустити	ispustiti
finir (vt)	завршавати	završavati
garder (conserver)	чувати	čuvati
gronder, réprimander (vt)	грдити	grditi
informer (vt)	информисати	informisati
insister (vi)	инсистирати	insistirati
insulter (vt)	вређати	vređati
inviter (vt)	позвати	pozvati
jouer (s'amuser)	играти се	igrati se

15. Les verbes les plus importants. Partie 3

libérer (ville, etc.)	ослободити	osloboditi
lire (vi, vt)	читати	čitati
louer (prendre en location)	изнајмити	iznajmiti
manquer (l'école)	пропустити	propustiti
menacer (vt)	претити	pretiti
mentionner (vt)	спомињати	spominjati
montrer (vt)	показати	pokazati
nager (vi)	пливати	plivati
objecter (vt)	приговарати	prigovarati
observer (vt)	посматрати, гледати	posmatrati, gledati
ordonner (mil.)	наређивати	naređivati
oublier (vt)	заборављати	zaboravljati
ouvrir (vt)	отворити	otvoriti
pardonner (vt)	опраштати	opraštati
parler (vi, vt)	говорити	govoriti
participer à ...	учествовати	učestvovati
payer (régler)	платити	platiti
penser (vi, vt)	мислити	misliti
permettre (vt)	дозвољавати	dozvoljavati
plaire (être apprécié)	свиђати се	sviđati se
plaisanter (vi)	шалити се	šaliti se
planifier (vt)	планирати	planirati
pleurer (vi)	плакати	plakati
posséder (vt)	поседовати	posedovati
pouvoir (v aux)	моћи	moći
préférer (vt)	давати предност	davati prednost
prendre (vt)	узети	uzeti
prendre en note	записивати	zapisivati
prendre le petit déjeuner	доручковати	doručkovati
préparer (le dîner)	кувати	kuvati
prévoir (vt)	предвидети	predvideti
prier (~ Dieu)	молити се	moliti se
promettre (vt)	обећати	obećati
prononcer (vt)	изговарати	izgovarati
proposer (vt)	предлагати	predlagati
punir (vt)	казнити	kazniti

16. Les verbes les plus importants. Partie 4

recommander (vt)	препоручивати	preporučivati
regretter (vt)	жалити	žaliti

répéter (dire encore)	поновити	ponoviti
répondre (vi, vt)	одговарати	odgovarati
réserver (une chambre)	резервисати	rezervisati
rester silencieux	ћутати	ćutati
réunir (regrouper)	ујединити	ujediniti
rire (vi)	смејати се	smejati se
s'arrêter (vp)	зауставити се	zaustaviti se
s'asseoir (vp)	сести	sesti
sauver (la vie à qn)	спасити	spasiti
savoir (qch)	знати	znati
se baigner (vp)	купати се	kupati se
se plaindre (vp)	жалити се	žaliti se
se refuser (vp)	одбити	odbiti
se tromper (vp)	грешити	grešiti
se vanter (vp)	хвалисати се	hvalisati se
s'étonner (vp)	бити изненађен	biti iznenađen
s'excuser (vp)	извињавати се	izvinjavati se
signer (vt)	потписати	potpisati
signifier (vt)	означавати	označavati
s'intéresser (vp)	интересовати се	interesovati se
sortir (aller dehors)	изаћи	izaći
sourire (vi)	осмехнути се	osmehnuti se
sous-estimer (vt)	потцењивати	potcenjivati
suivre … (suivez-moi)	пратити	pratiti
tirer (vi)	пуцати	pucati
tomber (vi)	падати	padati
toucher (avec les mains)	дирати	dirati
tourner (~ à gauche)	скренути	skrenuti
traduire (vt)	преводити	prevoditi
travailler (vi)	радити	raditi
tromper (vt)	обманути	obmanuti
trouver (vt)	наћи	naći
tuer (vt)	убити	ubiti
vendre (vt)	продавати	prodavati
venir (vi)	долазити	dolaziti
voir (vt)	видети	videti
voler (avion, oiseau)	летети	leteti
voler (qch à qn)	красти	krasti
vouloir (vt)	хтети	hteti

T&P BOOKS

LA NOTION DE TEMPS. LE CALENDRIER

T&P Books Publishing

17. Les jours de la semaine

lundi (m)	понедељак (м)	ponedeljak
mardi (m)	уторак (м)	utorak
mercredi (m)	среда (ж)	sreda
jeudi (m)	четвртак (м)	četvrtak
vendredi (m)	петак (м)	petak
samedi (m)	субота (ж)	subota
dimanche (m)	недеља (ж)	nedelja
aujourd'hui (adv)	данас	danas
demain (adv)	сутра	sutra
après-demain (adv)	прекосутра	prekosutra
hier (adv)	јуче	juče
avant-hier (adv)	прекјуче	prekjuče
jour (m)	дан (м)	dan
jour (m) ouvrable	радни дан (м)	radni dan
jour (m) férié	празничан дан (м)	prazničan dan
jour (m) de repos	слободан дан (м)	slobodan dan
week-end (m)	викенд (м)	vikend
toute la journée	цео дан	ceo dan
le lendemain	сутрадан	sutradan
il y a 2 jours	пре два дана	pre dva dana
la veille	уочи	uoči
quotidien (adj)	свакодневни	svakodnevni
tous les jours	сваки дан	svaki dan
semaine (f)	недеља (ж)	nedelja
la semaine dernière	прошле недеље	prošle nedelje
la semaine prochaine	следеће недеље	sledeće nedelje
hebdomadaire (adj)	недељни	nedeljni
chaque semaine	недељно	nedeljno
2 fois par semaine	два пута недељно	dva puta nedeljno
tous les mardis	сваког уторка	svakog utorka

18. Les heures. Le jour et la nuit

matin (m)	јутро (с)	jutro
le matin	ујутру	ujutru
midi (m)	подне (с)	podne
dans l'après-midi	поподне	popodne
soir (m)	вече (с)	veče

le soir	увече	uveče
nuit (f)	ноћ (ж)	noć
la nuit	ноћу	noću
minuit (f)	поноћ (ж)	ponoć

seconde (f)	секунд (м)	sekund
minute (f)	минут (м)	minut
heure (f)	сат (м)	sat
demi-heure (f)	пола (ж) сата	pola sata
un quart d'heure	четврт сата (ж)	četvrt sata
quinze minutes	петнаест минута	petnaest minuta
vingt-quatre heures	двадесет четири сата	dvadeset četiri sata

lever (m) du soleil	излазак (м) сунца	izlazak sunca
aube (f)	свануће (с)	svanuće
point (m) du jour	рано јутро (с)	rano jutro
coucher (m) du soleil	залазак (м) сунца	zalazak sunca

tôt le matin	рано ујутру	rano ujutru
ce matin	јутрос	jutros
demain matin	сутра ујутру	sutra ujutru

cet après-midi	овог поподнева	ovog popodneva
dans l'après-midi	поподне	popodne
demain après-midi	сутра поподне	sutra popodne

| ce soir | вечерас | večeras |
| demain soir | сутра увече | sutra uveče |

à 3 heures précises	тачно у три сата	tačno u tri sata
autour de 4 heures	око четири сата	oko četiri sata
vers midi	до дванаест сати	do dvanaest sati

dans 20 minutes	за двадесет минута	za dvadeset minuta
dans une heure	за сат времена	za sat vremena
à temps	на време	na vreme

... moins le quart	четврт (м)	četvrt
en une heure	у року од сат времена	u roku od sat vremena
tous les quarts d'heure	сваких петнаест минута	svakih petnaest minuta
24 heures sur 24	цео дан и ноћ	ceo dan i noć

19. Les mois. Les saisons

janvier (m)	јануар (м)	januar
février (m)	фебруар (м)	februar
mars (m)	март (м)	mart
avril (m)	април (м)	april
mai (m)	мај (м)	maj
juin (m)	јун (м), јуни (м)	jun, juni

juillet (m)	јули (м)	juli
août (m)	август (м)	avgust
septembre (m)	септембар (м)	septembar
octobre (m)	октобар (м)	oktobar
novembre (m)	новембар (м)	novembar
décembre (m)	децембар (м)	decembar
printemps (m)	пролеће (с)	proleće
au printemps	у пролеће	u proleće
de printemps (adj)	пролећни	prolećni
été (m)	лето (с)	leto
en été	лети	leti
d'été (adj)	летњи	letnji
automne (m)	јесен (ж)	jesen
en automne	у јесен	u jesen
d'automne (adj)	јесењи	jesenji
hiver (m)	зима (ж)	zima
en hiver	зими	zimi
d'hiver (adj)	зимски	zimski
mois (m)	месец (м)	mesec
ce mois	овог месеца	ovog meseca
le mois prochain	следећег месеца	sledećeg meseca
le mois dernier	прошлог месеца	prošlog meseca
il y a un mois	пре месец дана	pre mesec dana
dans un mois	за месец дана	za mesec dana
dans 2 mois	за два месеца	za dva meseca
tout le mois	цео месец	ceo mesec
tout un mois	током целог месеца	tokom celog meseca
mensuel (adj)	месечни	mesečni
mensuellement	месечно	mesečno
chaque mois	сваког месеца	svakog meseca
2 fois par mois	два пута месечно	dva puta mesečno
année (f)	година (ж)	godina
cette année	ове године	ove godine
l'année prochaine	следеће године	sledeće godine
l'année dernière	прошла година	prošla godina
il y a un an	пре годину дана	pre godinu dana
dans un an	за годину дана	za godinu dana
dans 2 ans	за две године	za dve godine
toute l'année	цела година	cela godina
toute une année	током целе године	tokom cele godine
chaque année	сваке године	svake godine
annuel (adj)	годишњи	godišnji

| annuellement | годишње | godišnje |
| 4 fois par an | четири пута годишње | četiri puta godišnje |

date (f) (jour du mois)	датум (м)	datum
date (f) (~ mémorable)	датум (м)	datum
calendrier (m)	календар (м)	kalendar

six mois	пола (ж) године	pola godine
semestre (m)	полугодиште (с)	polugodište
saison (f)	сезона (ж)	sezona
siècle (m)	век (м)	vek

LES VOYAGES. L'HÔTEL

USD CAD
EUR CHF
JPY HKD
GBP CNY

RECEPTION

T&P Books Publishing

20. Les voyages. Les excursions

tourisme (m)	**туризам** (м)	turizam
touriste (m)	**туриста** (м)	turista
voyage (m) (à l'étranger)	**путовање** (с)	putovanje
aventure (f)	**авантура** (ж)	avantura
voyage (m)	**путовање** (с)	putovanje
vacances (f pl)	**годишњи одмор** (м)	godišnji odmor
être en vacances	**бити на годишњем** **одмору**	biti na godišnjem odmoru
repos (m) (jours de ~)	**одмор** (м)	odmor
train (m)	**воз** (м)	voz
en train	**возом**	vozom
avion (m)	**авион** (м)	avion
en avion	**авионом**	avionom
en voiture	**колима**	kolima
en bateau	**бродом**	brodom
bagage (m)	**пртљаг** (м)	prtljag
malle (f)	**кофер** (м)	kofer
chariot (m)	**колица** (ж) **за пртљаг**	kolica za prtljag
passeport (m)	**пасош** (м)	pasoš
visa (m)	**виза** (ж)	viza
ticket (m)	**карта** (ж)	karta
billet (m) d'avion	**авионска карта** (ж)	avionska karta
guide (m) (livre)	**водич** (м)	vodič
carte (f)	**мапа** (ж)	mapa
région (f) (~ rurale)	**подручје** (с)	područje
endroit (m)	**место** (с)	mesto
exotisme (m)	**егзотика** (ж)	egzotika
exotique (adj)	**егзотичан**	egzotičan
étonnant (adj)	**диван**	divan
groupe (m)	**група** (ж)	grupa
excursion (f)	**екскурзија** (ж)	ekskurzija
guide (m) (personne)	**водич** (м)	vodič

21. L'hôtel

hôtel (m)	**гостионица** (ж)	gostionica
hôtel (m)	**хотел** (м)	hotel

motel (m)	мотел (м)	motel
3 étoiles	три звездице	tri zvezdice
5 étoiles	пет звездица	pet zvezdica
descendre (à l'hôtel)	одсести	odsesti

chambre (f)	соба (ж)	soba
chambre (f) simple	једнокреветна соба (ж)	jednokrevetna soba
chambre (f) double	двокреветна соба (ж)	dvokrevetna soba
réserver une chambre	резервисати собу	rezervisati sobu

| demi-pension (f) | полупансион (м) | polupansion |
| pension (f) complète | пун пансион (м) | pun pansion |

avec une salle de bain	са купатилом	sa kupatilom
avec une douche	са тушем	sa tušem
télévision (f) par satellite	сателитска телевизија (ж)	satelitska televizija
climatiseur (m)	клима (ж)	klima
serviette (f)	пешкир (м)	peškir
clé (f)	кључ (м)	ključ

administrateur (m)	администратор (м)	administrator
femme (f) de chambre	собарица (ж)	sobarica
porteur (m)	носач (м)	nosač
portier (m)	портир (м)	portir

restaurant (m)	ресторан (м)	restoran
bar (m)	бар (м)	bar
petit déjeuner (m)	доручак (м)	doručak
dîner (m)	вечера (ж)	večera
buffet (m)	шведски сто (м)	švedski sto

| hall (m) | фоаје (м) | foaje |
| ascenseur (m) | лифт (м) | lift |

| PRIÈRE DE NE PAS DÉRANGER | НЕ УЗНЕМИРАВАТИ | NE UZNEMIRAVATI |
| DÉFENSE DE FUMER | ЗАБРАЊЕНО ПУШЕЊЕ | ZABRANJENO PUŠENJE |

22. Le tourisme

monument (m)	споменик (м)	spomenik
forteresse (f)	тврђава (ж)	tvrđava
palais (m)	палата (ж), дворац (м)	palata, dvorac
château (m)	замак (м)	zamak
tour (f)	кула (ж)	kula
mausolée (m)	маузолеј (м)	mauzolej

| architecture (f) | архитектура (ж) | arhitektura |
| médiéval (adj) | средњовековован | srednjovekovan |

ancien (adj)	**старински**	starinski
national (adj)	**народан**	narodan
connu (adj)	**чувен**	čuven
touriste (m)	**туриста** (м)	turista
guide (m) (personne)	**водич** (м)	vodič
excursion (f)	**екскурзија** (ж)	ekskurzija
montrer (vt)	**показивати**	pokazivati
raconter (une histoire)	**рећи**	reći
trouver (vt)	**наћи**	naći
se perdre (vp)	**изгубити се**	izgubiti se
plan (m) (du metro, etc.)	**мапа** (ж)	mapa
carte (f) (de la ville, etc.)	**мапа** (ж)	mapa
souvenir (m)	**сувенир** (м)	suvenir
boutique (f) de souvenirs	**продавница** (ж) **сувенира**	prodavnica suvenira
prendre en photo	**сликати**	slikati
se faire prendre en photo	**сликати се**	slikati se

T&P BOOKS

LES TRANSPORTS

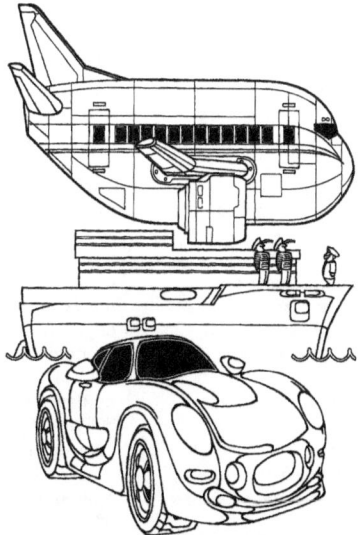

T&P Books Publishing

aéroport (m)	аеродром (м)	aerodrom
avion (m)	авион (м)	avion
compagnie (f) aérienne	авио-компанија (ж)	avio-kompanija
contrôleur (m) aérien	контролор (м) лета	kontrolor leta

départ (m)	полазак (м)	polazak
arrivée (f)	долазак (м)	dolazak
arriver (par avion)	долетети	doleteti

| temps (m) de départ | време (с) поласка | vreme polaska |
| temps (m) d'arrivée | време (с) доласка | vreme dolaska |

| être retardé | каснити | kasniti |
| retard (m) de l'avion | кашњење (с) лета | kašnjenje leta |

tableau (m) d'informations	информативна табла (ж)	informativna tabla
information (f)	информација (ж)	informacija
annoncer (vt)	објавити	objaviti
vol (m)	лет (м)	let

| douane (f) | царина (ж) | carina |
| douanier (m) | цариник (м) | carinar |

déclaration (f) de douane	царинска декларација (ж)	carinska deklaracija
remplir (vt)	попунити	popuniti
remplir la déclaration	попунити декларацију	popuniti deklaraciju
contrôle (m) de passeport	пасошна контрола (ж)	pasošna kontrola

bagage (m)	пртљаг (м)	prtljag
bagage (m) à main	ручни пртљаг (м)	ručni prtljag
chariot (m)	колица (ж) за пртљаг	kolica za prtljag

atterrissage (m)	слетање (с)	sletanje
piste (f) d'atterrissage	писта (ж) за слетање	pista za sletanje
atterrir (vi)	спуштати се	spuštati se
escalier (m) d'avion	степенице (ж мн)	stepenice

enregistrement (m)	пријављивање, чекирање (с)	prijavljivanje, čekiranje
comptoir (m) d'enregistrement	шалтер (м) за чекирање	šalter za čekiranje
s'enregistrer (vp)	пријавити се, чекирати се	prijaviti se, čekirati se

carte (f) d'embarquement	бординг карта (ж)	bording karta
porte (f) d'embarquement	излаз (м) за укрцавање	izlaz za ukrcavanje
transit (m)	транзит (м)	tranzit
attendre (vt)	чекати	čekati
salle (f) d'attente	чекаоница (ж)	čekaonica
raccompagner	испраћати	ispraćati
(à l'aéroport, etc.)		
dire au revoir	опраштати се	opraštati se

24. L'avion

avion (m)	авион (м)	avion
billet (m) d'avion	авионска карта (ж)	avionska karta
compagnie (f) aérienne	авио-компанија (ж)	avio-kompanija
aéroport (m)	аеродром (м)	aerodrom
supersonique (adj)	суперсоничан	supersoničan
commandant (m) de bord	командир (м)	komandir
équipage (m)	посада (ж)	posada
pilote (m)	пилот (м)	pilot
hôtesse (f) de l'air	стјуардеса (ж)	stjuardesa
navigateur (m)	навигатор (м)	navigator
ailes (f pl)	крила (с мн)	krila
queue (f)	реп (м)	rep
cabine (f)	кабина (ж)	kabina
moteur (m)	мотор (м)	motor
train (m) d'atterrissage	шасија (ж)	šasija
turbine (f)	турбина (ж)	turbina
hélice (f)	пропелер (м)	propeler
boîte (f) noire	црна кутија (ж)	crna kutija
gouvernail (m)	управљач (м)	upravljač
carburant (m)	гориво (с)	gorivo
consigne (f) de sécurité	упутство (с) за безбедност	uputstvo za bezbednost
masque (m) à oxygène	маска (ж) за кисеоник	maska za kiseonik
uniforme (m)	униформа (ж)	uniforma
gilet (m) de sauvetage	прслук (м) за спасавање	prsluk za spasavanje
parachute (m)	падобран (м)	padobran
décollage (m)	полетање (с)	poletanje
décoller (vi)	полетети	poleteti
piste (f) de décollage	писта (ж)	pista
visibilité (f)	видљивост (ж)	vidljivost
vol (m) (~ d'oiseau)	лет (м)	let
altitude (f)	висина (ж)	visina

trou (m) d'air	ваздушни џеп (м)	vazdušni džep
place (f)	седиште (с)	sedište
écouteurs (m pl)	слушалице (ж мн)	slušalice
tablette (f)	сточић (м)	stočić
	на расклапање	na rasklapanje
hublot (m)	прозор (м)	prozor
couloir (m)	пролаз (м)	prolaz

25. Le train

train (m)	воз (м)	voz
train (m) de banlieue	електрични воз (м)	električni voz
TGV (m)	брзи воз (м)	brzi voz
locomotive (f) diesel	дизел локомотива (ж)	dizel lokomotiva
locomotive (f) à vapeur	парна локомотива (ж)	parna lokomotiva
wagon (m)	вагон (м)	vagon
wagon-restaurant (m)	кола (ж) за ручавање	kola za ručavanje
rails (m pl)	шине (ж мн)	šine
chemin (m) de fer	железница (ж)	železnica
traverse (f)	праг (м)	prag
quai (m)	перон (м)	peron
voie (f)	колосек (м)	kolosek
sémaphore (m)	семафор (м)	semafor
station (f)	станица (ж)	stanica
conducteur (m) de train	машиновођа (м)	mašinovođa
porteur (m)	носач (м)	nosač
steward (m)	послужитељ (м) у возу	poslužitelj u vozu
passager (m)	путник (м)	putnik
contrôleur (m) de billets	контролор (м)	kontrolor
couloir (m)	ходник (м)	hodnik
frein (m) d'urgence	кочница (ж) за случај	kočnica
	опасности	za slučaj opasnosti
compartiment (m)	кабина (ж)	kabina
couchette (f)	лежај (м)	ležaj
couchette (f) d'en haut	горњи лежај (м)	gornji ležaj
couchette (f) d'en bas	доњи лежај (м)	donji ležaj
linge (m) de lit	постељина (ж)	posteljina
ticket (m)	карта (ж)	karta
horaire (m)	ред (м) вожње	red vožnje
tableau (m) d'informations	табла (ж)	tabla
	за информације	za informacije
partir (vi)	одлазити	odlaziti
départ (m) (du train)	полазак (м)	polazak

| arriver (le train) | долазити (м) | dolaziti |
| arrivée (f) | долазак (м) | dolazak |

arriver en train	стићи возом	stići vozom
prendre le train	сести у воз	sesti u voz
descendre du train	сићи с воза	sići s voza

accident (m) ferroviaire	железничка несрећа (ж)	železnička nesreća
dérailler (vi)	исклизнути из шина	iskliznuti iz šina
locomotive (f) à vapeur	парна локомотива (ж)	parna lokomotiva
chauffeur (m)	ложач (м)	ložač
chauffe (f)	ложиште (с)	ložište
charbon (m)	угаљ (м)	ugalj

26. Le bateau

| bateau (m) | брод (м) | brod |
| navire (m) | пловило (с) | plovilo |

bateau (m) à vapeur	пароброд (м)	parobrod
paquebot (m)	речни чамац (м)	rečni čamac
bateau (m) de croisière	брод (м) за крстарење	brod za krstarenje
croiseur (m)	крстарица (ж)	krstarica

yacht (m)	јахта (ж)	jahta
remorqueur (m)	тегљач (м)	tegljač
péniche (f)	шлеп (м)	šlep
ferry (m)	трајект (м)	trajekt

| voilier (m) | једрењак (м) | jedrenjak |
| brigantin (m) | бригантина (ж) | brigantina |

| brise-glace (m) | ледоломац (м) | ledolomac |
| sous-marin (m) | подморница (ж) | podmornica |

canot (m) à rames	чамац (м)	čamac
dinghy (m)	чамчић (м)	čamčić
canot (m) de sauvetage	чамац (м) за спасавање	čamac za spasavanje
canot (m) à moteur	моторни чамац (м)	motorni čamac

capitaine (m)	капетан (м)	kapetan
matelot (m)	морнар (м)	mornar
marin (m)	поморац (м)	pomorac
équipage (m)	посада (ж)	posada

maître (m) d'équipage	боцман (м)	bocman
mousse (m)	бродски момак (м)	brodski momak
cuisinier (m) du bord	кувар (м)	kuvar
médecin (m) de bord	бродски лекар (м)	brodski lekar
pont (m)	палуба (ж)	paluba

mât (m)	**jарбол** (м)	jarbol
voile (f)	**jедро** (с)	jedro
cale (f)	**потпалубље** (с)	potpalublje
proue (f)	**прамац** (м)	pramac
poupe (f)	**крма** (ж)	krma
rame (f)	**весло** (с)	veslo
hélice (f)	**бродски пропелер** (м)	brodski propeler
cabine (f)	**кабина** (ж)	kabina
carré (m) des officiers	**официрска менза** (ж)	oficirska menza
salle (f) des machines	**стројарница** (ж)	strojarnica
passerelle (f)	**капетански мост** (м)	kapetanski most
cabine (f) de T.S.F.	**радио кабина** (ж)	radio kabina
onde (f)	**талас** (м)	talas
journal (m) de bord	**бродски дневник** (м)	brodski dnevnik
longue-vue (f)	**дурбин** (м)	durbin
cloche (f)	**звоно** (с)	zvono
pavillon (m)	**застава** (ж)	zastava
grosse corde (f) tressée	**конопац** (м)	konopac
nœud (m) marin	**чвор** (м)	čvor
rampe (f)	**ограда** (ж)	ograda
passerelle (f)	**степениште** (с мн)	stepenište
ancre (f)	**сидро** (с)	sidro
lever l'ancre	**дићи сидро**	dići sidro
jeter l'ancre	**спустити сидро**	spustiti sidro
chaîne (f) d'ancrage	**ланац** (м) **за сидро**	lanac za sidro
port (m)	**лука** (ж)	luka
embarcadère (m)	**пристаниште** (с)	pristanište
accoster (vi)	**усидрити се**	usidriti se
larguer les amarres	**отиснути се**	otisnuti se
voyage (m) (à l'étranger)	**путовање** (с)	putovanje
croisière (f)	**крстарење** (с)	krstarenje
cap (m) (suivre un ~)	**правац** (м)	pravac
itinéraire (m)	**маршрута** (ж)	maršruta
chenal (m)	**пловни пут** (м)	plovni put
bas-fond (m)	**плићаци** (м мн)	plićaci
échouer sur un bas-fond	**насукати се**	nasukati se
tempête (f)	**олуја** (ж)	oluja
signal (m)	**сигнал** (м)	signal
sombrer (vi)	**тонути**	tonuti
Un homme à la mer!	**Човек у мору!**	Čovek u moru!
SOS (m)	**СОС**	SOS
bouée (f) de sauvetage	**појас** (м) **за спасавање**	pojas za spasavanje

T&P BOOKS

LA VILLE

T&P Books Publishing

autobus (m)	аутобус (м)	autobus
tramway (m)	трамвај (м)	tramvaj
trolleybus (m)	тролејбус (м)	trolejbus
itinéraire (m)	маршрута (ж)	maršruta
numéro (m)	број (м)	broj
prendre …	ићи …, возити се …	ići …, voziti se …
monter (dans l'autobus)	ући у …	ući u …
descendre de …	сићи, изаћи из …	sići, izaći iz …
arrêt (m)	станица (ж)	stanica
arrêt (m) prochain	следећа станица (ж)	sledeća stanica
terminus (m)	последња станица (ж)	poslednja stanica
horaire (m)	ред (м) вожње	red vožnje
attendre (vt)	чекати	čekati
ticket (m)	карта (ж)	karta
prix (m) du ticket	цена (ж) вожње	cena vožnje
caissier (m)	благајник (м)	blagajnik
contrôle (m) des tickets	контрола (ж) карата	kontrola karata
contrôleur (m)	контролор (м)	kontrolor
être en retard	каснити	kasniti
rater (~ le train)	пропустити	propustiti
se dépêcher	журити	žuriti
taxi (m)	такси (м)	taksi
chauffeur (m) de taxi	таксиста (м)	taksista
en taxi	таксијем	taksijem
arrêt (m) de taxi	такси-станица (ж)	taksi-stanica
appeler un taxi	позвати такси	pozvati taksi
prendre un taxi	узети такси	uzeti taksi
trafic (m)	саобраћај (м)	saobraćaj
embouteillage (m)	застој (м) саобраћаја	zastoj saobraćaja
heures (f pl) de pointe	шпиц (м)	špic
se garer (vp)	паркирати се	parkirati se
garer (vt)	паркирати	parkirati
parking (m)	паркинг (м)	parking
métro (m)	метро (м)	metro
station (f)	станица (ж)	stanica
prendre le métro	ићи метроом	ići metroom

train (m)	воз (м)	voz
gare (f)	железничка станица (ж)	železnička stanica

28. La ville. La vie urbaine

ville (f)	град (м)	grad
capitale (f)	главни град (м)	glavni grad
village (m)	село (с)	selo
plan (m) de la ville	план (м) града	plan grada
centre-ville (m)	центар (м) града	centar grada
banlieue (f)	предграђе (с)	predgrađe
de banlieue (adj)	предградски	predgradski
périphérie (f)	предграђе (с)	predgrađe
alentours (m pl)	околине (ж мн)	okoline
quartier (m)	кварт (м)	kvart
quartier (m) résidentiel	стамбени кварт (м)	stambeni kvart
trafic (m)	саобраћај (м)	saobraćaj
feux (m pl) de circulation	семафор (м)	semafor
transport (m) urbain	градски превоз (м)	gradski prevoz
carrefour (m)	раскрсница (ж)	raskrsnica
passage (m) piéton	пешачки прелаз (м)	pešački prelaz
passage (m) souterrain	подземни пролаз (м)	podzemni prolaz
traverser (vt)	прелазити	prelaziti
piéton (m)	пешак (м)	pešak
trottoir (m)	тротоар (м)	trotoar
pont (m)	мост (м)	most
quai (m)	кеј (м)	kej
fontaine (f)	водоскок (м)	vodoskok
allée (f)	алеја (ж)	aleja
parc (m)	парк (м)	park
boulevard (m)	булевар (м)	bulevar
place (f)	трг (м)	trg
avenue (f)	авенија (ж)	avenija
rue (f)	улица (ж)	ulica
ruelle (f)	сокак (м)	sokak
impasse (f)	ћорсокак (м)	ćorsokak
maison (f)	кућа (ж)	kuća
édifice (m)	зграда (ж)	zgrada
gratte-ciel (m)	небодер (м)	neboder
façade (f)	фасада (с)	fasada
toit (m)	кров (м)	krov
fenêtre (f)	прозор (м)	prozor

arc (m)	лук (м)	luk
colonne (f)	колона (ж)	kolona
coin (m)	угао (м)	ugao
vitrine (f)	излог (м)	izlog
enseigne (f)	натпис (м)	natpis
affiche (f)	плакат (м)	plakat
affiche (f) publicitaire	рекламни плакат (м)	reklamni plakat
panneau-réclame (m)	билборд (м)	bilbord
ordures (f pl)	ђубре (с)	đubre
poubelle (f)	канта (ж) за ђубре	kanta za đubre
jeter à terre	бацати ђубре	bacati đubre
décharge (f)	депонија (ж)	deponija
cabine (f) téléphonique	телефонска говорница (ж)	telefonska govornica
réverbère (m)	стуб (м)	stub
banc (m)	клупа (ж)	klupa
policier (m)	полицајац (м)	policajac
police (f)	полиција (ж)	policija
clochard (m)	просјак (м)	prosjak
sans-abri (m)	бескућник (м)	beskućnik

29. Les institutions urbaines

magasin (m)	продавница (ж)	prodavnica
pharmacie (f)	апотека (ж)	apoteka
opticien (m)	оптика (ж)	optika
centre (m) commercial	тржни центар (м)	tržni centar
supermarché (m)	супермаркет (м)	supermarket
boulangerie (f)	пекара (ж)	pekara
boulanger (m)	пекар (м)	pekar
pâtisserie (f)	посластичарница (ж)	poslastičarnica
épicerie (f)	бакалница (ж)	bakalnica
boucherie (f)	касапница (ж)	kasapnica
magasin (m) de légumes	пиљарница (ж)	piljarnica
marché (m)	пијаца (ж)	pijaca
salon (m) de café	кафана (ж)	kafana
restaurant (m)	ресторан (м)	restoran
brasserie (f)	пивница (ж)	pivnica
pizzeria (f)	пицерија (ж)	picerija
salon (m) de coiffure	фризерски салон (м)	frizerski salon
poste (f)	пошта (ж)	pošta
pressing (m)	хемијско чишћење (с)	hemijsko čišćenje

atelier (m) de photo	фотографска радња (ж)	fotografska radnja
magasin (m) de chaussures	продавница (ж) обуће	prodavnica obuće
librairie (f)	књижара (ж)	knjižara
magasin (m) d'articles de sport	продавница (ж) спортске опреме	prodavnica sportske opreme
atelier (m) de retouche	кројачка (ж) радња	krojačka radnja
location (f) de vêtements	изнајмљивање (с) одела	iznajmljivanje odela
location (f) de films	видео клуб (м)	video klub
cirque (m)	циркус (м)	cirkus
zoo (m)	зоолошки врт (м)	zoološki vrt
cinéma (m)	биоскоп (м)	bioskop
musée (m)	музеј (м)	muzej
bibliothèque (f)	библиотека (ж)	biblioteka
théâtre (m)	позориште (с)	pozorište
opéra (m)	опера (ж)	opera
boîte (f) de nuit	ноћни клуб (м)	noćni klub
casino (m)	казино (м)	kazino
mosquée (f)	џамија (ж)	džamija
synagogue (f)	синагога (ж)	sinagoga
cathédrale (f)	катедрала (ж)	katedrala
temple (m)	храм (м)	hram
église (f)	црква (ж)	crkva
institut (m)	институт (м)	institut
université (f)	универзитет (м)	univerzitet
école (f)	школа (ж)	škola
préfecture (f)	управа (ж)	uprava
mairie (f)	градска кућа (ж)	gradska kuća
hôtel (m)	хотел (м)	hotel
banque (f)	банка (ж)	banka
ambassade (f)	амбасада (ж)	ambasada
agence (f) de voyages	туристичка агенција (ж)	turistička agencija
bureau (m) d'information	биро (м) за информације	biro za informacije
bureau (m) de change	мењачица (ж)	menjačica
métro (m)	метро (с)	metro
hôpital (m)	болница (ж)	bolnica
station-service (f)	бензинска станица (ж)	benzinska stanica
parking (m)	паркинг (м)	parking

30. Les enseignes. Les panneaux

| enseigne (f) | натпис (м) | natpis |
| pancarte (f) | натпис (м), обавештење (с) | natpis, obaveštenje |

poster (m)	плакат (м)	plakat
indicateur (m) de direction	путоказ (м)	putokaz
flèche (f)	стрелица (ж)	strelica
avertissement (m)	упозорење (с)	upozorenje
panneau d'avertissement	знак (м) упозорења	znak upozorenja
avertir (vt)	упозорити	upozoriti
jour (m) de repos	нерадни дан (м)	neradni dan
horaire (m)	распоред (м)	raspored
heures (f pl) d'ouverture	радно време (с)	radno vreme
BIENVENUE!	ДОБРО ДОШЛИ!	DOBRO DOŠLI!
ENTRÉE	УЛАЗ	ULAZ
SORTIE	ИЗЛАЗ	IZLAZ
POUSSER	ГУРНИ	GURNI
TIRER	ВУЦИ	VUCI
OUVERT	ОТВОРЕНО	OTVORENO
FERMÉ	ЗАТВОРЕНО	ZATVORENO
FEMMES	ЖЕНЕ	ŽENE
HOMMES	МУШКАРЦИ	MUŠKARCI
RABAIS	ПОПУСТИ	POPUSTI
SOLDES	РАСПРОДАЈА	RASPRODAJA
NOUVEAU!	НОВО!	NOVO!
GRATUIT	БЕСПЛАТНО	BESPLATNO
ATTENTION!	ПАЖЊА!	PAŽNJA!
COMPLET	НЕМА СЛОБОДНИХ СОБА	NEMA SLOBODNIH SOBA
RÉSERVÉ	РЕЗЕРВИСАНО	REZERVISANO
ADMINISTRATION	КАНЦЕЛАРИЈЕ	KANCELARIJE
RÉSERVÉ AU PERSONNEL	САМО ЗА ОСОБЉЕ	SAMO ZA OSOBLJE
ATTENTION CHIEN MÉCHANT	ЧУВАЈ СЕ ПСА	ČUVAJ SE PSA
DÉFENSE DE FUMER	ЗАБРАЊЕНО ПУШЕЊЕ	ZABRANJENO PUŠENJE
PRIÈRE DE NE PAS TOUCHER	НЕ ДИРАЈ!	NE DIRAJ!
DANGEREUX	ОПАСНО	OPASNO
DANGER	ОПАСНОСТ	OPASNOST
HAUTE TENSION	ВИСОКИ НАПОН	VISOKI NAPON
BAIGNADE INTERDITE	ЗАБРАЊЕНО КУПАЊЕ	ZABRANJENO KUPANJE
HORS SERVICE	НЕ РАДИ	NE RADI
INFLAMMABLE	ЗАПАЉИВО	ZAPALJIVO
INTERDIT	ЗАБРАЊЕНО	ZABRANJENO

PASSAGE INTERDIT   ПРОЛАЗ ЗАБРАЊЕН!   PROLAZ ZABRANJEN!
PEINTURE FRAÎCHE   СВЕЖЕ ОФАРБАНО   SVEŽE OFARBANO

31. Le shopping

acheter (vt)	куповати	kupovati
achat (m)	куповина (ж)	kupovina
faire des achats	ићи у куповину	ići u kupovinu
shopping (m)	куповина (ж)	kupovina
être ouvert	бити отворен	biti otvoren
être fermé	бити затворен	biti zatvoren
chaussures (f pl)	обућа (ж)	obuća
vêtement (m)	одећа (ж)	odeća
produits (m pl) de beauté	козметика (ж)	kozmetika
produits (m pl) alimentaires	намирнице (ж мн)	namirnice
cadeau (m)	поклон (м)	poklon
vendeur (m)	продавац (м)	prodavac
vendeuse (f)	продавачица (ж)	prodavačica
caisse (f)	благајна (ж)	blagajna
miroir (m)	огледало (с)	ogledalo
comptoir (m)	тезга (ж)	tezga
cabine (f) d'essayage	кабина (ж) за пробавање	kabina za probavanje
essayer (robe, etc.)	пробати	probati
aller bien (robe, etc.)	пристајати	pristajati
plaire (être apprécié)	свиђати се	sviđati se
prix (m)	цена (ж)	cena
étiquette (f) de prix	ценовник (м)	cenovnik
coûter (vt)	коштати	koštati
Combien?	Колико?	Koliko?
rabais (m)	попуст (м)	popust
pas cher (adj)	није скуп	nije skup
bon marché (adj)	јефтин	jeftin
cher (adj)	скуп	skup
C'est cher	То је скупо	To je skupo
location (f)	изнајмљивање (с)	iznajmljivanje
louer (une voiture, etc.)	изнајмити	iznajmiti
crédit (m)	кредит (м)	kredit
à crédit (adv)	на кредит	na kredit

T&P BOOKS

LES VÊTEMENTS &
LES ACCESSOIRES

T&P Books Publishing

32. Les vêtements d'extérieur

vêtement (m)	одећа (ж)	odeća
survêtement (m)	горња одећа (ж)	gornja odeća
vêtement (m) d'hiver	зимска одећа (ж)	zimska odeća
manteau (m)	капут (м)	kaput
manteau (m) de fourrure	бунда (ж)	bunda
veste (f) de fourrure	кратка бунда (ж)	kratka bunda
manteau (m) de duvet	перјана јакна (ж)	perjana jakna
veste (f) (~ en cuir)	јакна (ж)	jakna
imperméable (m)	кишни мантил (м)	kišni mantil
imperméable (adj)	водоотпоран	vodootporan

33. Les vêtements

chemise (f)	кошуља (ж)	košulja
pantalon (m)	панталоне (ж мн)	pantalone
jean (m)	фармерке (ж мн)	farmerke
veston (m)	сако (м)	sako
complet (m)	одело (с)	odelo
robe (f)	хаљина (ж)	haljina
jupe (f)	сукња (ж)	suknja
chemisette (f)	блуза (ж)	bluza
veste (f) en laine	џемпер (м)	džemper
jaquette (f), blazer (m)	жакет (м)	žaket
tee-shirt (m)	мајица (ж)	majica
short (m)	шортс (м)	šorts
costume (m) de sport	спортски костим (м)	sportski kostim
peignoir (m) de bain	баде мантил (м)	bade mantil
pyjama (m)	пиџама (ж)	pidžama
chandail (m)	џемпер (м)	džemper
pull-over (m)	пуловер (м)	pulover
gilet (m)	прслук (м)	prsluk
queue-de-pie (f)	фрак (м)	frak
smoking (m)	смокинг (м)	smoking
uniforme (m)	униформа (ж)	uniforma
tenue (f) de travail	радно одело (с)	radno odelo

| salopette (f) | комбинезон (м) | kombinezon |
| blouse (f) (d'un médecin) | мантил (м) | mantil |

34. Les sous-vêtements

sous-vêtements (m pl)	доње рубље (с)	donje rublje
boxer (m)	боксерице (ж мн)	bokserice
slip (m) de femme	гаћице (ж мн)	gaćice
maillot (m) de corps	мајица (ж)	majica
chaussettes (f pl)	чарапе (ж мн)	čarape

chemise (f) de nuit	спаваћица (ж)	spavaćica
soutien-gorge (m)	грудњак (м)	grudnjak
chaussettes (f pl) hautes	доколенице (ж мн)	dokolenice
collants (m pl)	грилонке (ж мн)	grilonke
bas (m pl)	хулахопке (ж мн)	hulahopke
maillot (m) de bain	купаћи костим (м)	kupaći kostim

35. Les chapeaux

chapeau (m)	капа (ж)	kapa
chapeau (m) feutre	шешир (м)	šešir
casquette (f) de base-ball	качкет (м)	kačket
casquette (f)	енглеска капа (ж)	engleska kapa

béret (m)	беретка (ж)	beretka
capuche (f)	капуљача (ж)	kapuljača
panama (m)	панама-шешир (м)	panama-šešir
bonnet (m) de laine	плетена капа (ж)	pletena kapa

| foulard (m) | марама (ж) | marama |
| chapeau (m) de femme | женски шешир (м) | ženski šešir |

casque (m) (d'ouvriers)	кацига (ж)	kaciga
calot (m)	војничка капа,	vojnička kapa,
	титовка (ж)	titovka
casque (m) (~ de moto)	шлем (м)	šlem

| melon (m) | полуцилиндар (м) | policilindar |
| haut-de-forme (m) | цилиндар (м) | cilindar |

36. Les chaussures

chaussures (f pl)	обућа (ж)	obuća
bottines (f pl)	ципеле (ж мн)	cipele
souliers (m pl) (~ plats)	ципеле (ж мн)	cipele

bottes (f pl)	чизме (ж мн)	čizme
chaussons (m pl)	папуче (ж мн)	papuče
tennis (m pl)	патике (ж мн)	patike
baskets (f pl)	старке (ж мн)	starke
sandales (f pl)	сандале (ж мн)	sandale
cordonnier (m)	обућар (м)	obućar
talon (m)	потпетица (ж)	potpetica
paire (f)	пар (м)	par
lacet (m)	пертла (ж)	pertla
lacer (vt)	шнирати	šnirati
chausse-pied (m)	кашика (ж) за ципеле	kašika za cipele
cirage (m)	крема (ж) за обућу	krema za obuću

37. Les accessoires personnels

gants (m pl)	рукавице (ж мн)	rukavice
moufles (f pl)	рукавице (ж мн)	rukavice
écharpe (f)	шал (м)	šal
lunettes (f pl)	наочари (м мн)	naočari
monture (f)	оквир (м)	okvir
parapluie (m)	кишобран (м)	kišobran
canne (f)	штап (м)	štap
brosse (f) à cheveux	четка (ж) за косу	četka za kosu
éventail (m)	лепеза (ж)	lepeza
cravate (f)	кравата (ж)	kravata
nœud papillon (m)	лептир-машна (ж)	leptir-mašna
bretelles (f pl)	трегери (мн)	tregeri
mouchoir (m)	џепна марамица (ж)	džepna maramica
peigne (m)	чешаљ (м)	češalj
barrette (f)	шнала (ж)	šnala
épingle (f) à cheveux	укосница (ж)	ukosnica
boucle (f)	копча (ж)	kopča
ceinture (f)	пас (м)	pas
bandoulière (f)	каиш (м)	kaiš
sac (m)	торба (ж)	torba
sac (m) à main	ташна (ж)	tašna
sac (m) à dos	ранац (м)	ranac

38. Les vêtements. Divers

| mode (f) | мода (ж) | moda |
| à la mode (adj) | модеран | moderan |

couturier, créateur de mode	модни креатор (м)	modni kreator
col (m)	оковратник (м)	okovratnik
poche (f)	џеп (м)	džep
de poche (adj)	џепни	džepni
manche (f)	рукав (м)	rukav
bride (f)	вешалица (ж)	vešalica
braguette (f)	шлиц (м)	šlic
fermeture (f) à glissière	рајсфешлус (м)	rajsfešlus
agrafe (f)	копча (ж)	kopča
bouton (m)	дугме (с)	dugme
boutonnière (f)	рупица (ж)	rupica
s'arracher (bouton)	откинути се	otkinuti se
coudre (vi, vt)	шити	šiti
broder (vt)	вести	vesti
broderie (f)	вез (м)	vez
aiguille (f)	игла (ж)	igla
fil (m)	конац (м)	konac
couture (f)	шав (м)	šav
se salir (vp)	искаљати се	iskaljati se
tache (f)	мрља (ж)	mrlja
se froisser (vp)	изгужвати се	izgužvati se
déchirer (vt)	поцепати	pocepati
mite (f)	мољац (м)	moljac

39. L'hygiène corporelle. Les cosmétiques

dentifrice (m)	паста (ж) за зубе	pasta za zube
brosse (f) à dents	четкица (ж) за зубе	četkica za zube
se brosser les dents	прати зубе	prati zube
rasoir (m)	бријач (м)	brijač
crème (f) à raser	крема (ж) за бријање	krema za brijanje
se raser (vp)	бријати се	brijati se
savon (m)	сапун (м)	sapun
shampooing (m)	шампон (м)	šampon
ciseaux (m pl)	маказе (мн)	makaze
lime (f) à ongles	турпијица (ж) за нокте	turpijica za nokte
pinces (f pl) à ongles	грицкалица (ж) за нокте	grickalica za nokte
pince (f) à épiler	пинцета (ж)	pinceta
produits (m pl) de beauté	козметика (ж)	kozmetika
masque (m) de beauté	маска (ж) за лице	maska za lice
manucure (f)	маникир (м)	manikir
se faire les ongles	маникирати	manikirati

pédicurie (f)	педикир (м)	pedikir
trousse (f) de toilette	несесер (м)	neseser
poudre (f)	пудер (м)	puder
poudrier (m)	пудријера (ж)	pudrijera
fard (m) à joues	руменило (с)	rumenilo
parfum (m)	парфем (м)	parfem
eau (f) de toilette	тоалетна вода (ж)	toaletna voda
lotion (f)	лосион (м)	losion
eau de Cologne (f)	колоњска вода (ж)	kolonjska voda
fard (m) à paupières	сенка (ж) за очи	senka za oči
crayon (m) à paupières	оловка (ж) за очи	olovka za oči
mascara (m)	маскара (ж)	maskara
rouge (m) à lèvres	кармин (м)	karmin
vernis (m) à ongles	лак (м) за нокте	lak za nokte
laque (f) pour les cheveux	лак (м) за косу	lak za kosu
déodorant (m)	дезодоранс (м)	dezodorans
crème (f)	крема (ж)	krema
crème (f) pour le visage	крема (ж) за лице	krema za lice
crème (f) pour les mains	крема (ж) за руке	krema za ruke
crème (f) anti-rides	крема (ж) против бора	krema protiv bora
crème (f) de jour	дневна крема (ж)	dnevna krema
crème (f) de nuit	ноћна крема (ж)	noćna krema
de jour (adj)	дневни	dnevni
de nuit (adj)	ноћни	noćni
tampon (m)	тампон (м)	tampon
papier (m) de toilette	тоалет папир (м)	toalet papir
sèche-cheveux (m)	фен (м)	fen

40. Les montres. Les horloges

montre (f)	сат (м)	sat
cadran (m)	бројчаник (м)	brojčanik
aiguille (f)	казаљка (ж)	kazaljka
bracelet (m)	наруквица (ж)	narukvica
bracelet (m) (en cuir)	каиш (м) за сат	kaiš za sat
pile (f)	батерија (ж)	baterija
être déchargé	испразнити се	isprazniti se
changer de pile	променити батерију	promeniti bateriju
avancer (vi)	журити	žuriti
retarder (vi)	каснити	kasniti
pendule (f)	зидни сат (м)	zidni sat
sablier (m)	пешчани сат (м)	peščani sat
cadran (m) solaire	сунчани часовник (м)	sunčani časovnik

réveil (m)	**будилник** (м)	budilnik
horloger (m)	**часовничар** (м)	časovničar
réparer (vt)	**поправљати**	popravljati

L'EXPÉRIENCE QUOTIDIENNE

T&P Books Publishing

argent (m)	новац (м)	novac
échange (m)	размена (ж) валута	razmena valuta
cours (m) de change	курс (м)	kurs
distributeur (m)	банкомат (м)	bankomat
monnaie (f)	новчић (м), кованица (ж)	novčić, kovanica
dollar (m)	долар (м)	dolar
euro (m)	евро (м)	evro
lire (f)	лира (ж)	lira
mark (m) allemand	немачка марка (ж)	nemačka marka
franc (m)	франак (м)	franak
livre sterling (f)	фунта (ж)	funta
yen (m)	јен (м)	jen
dette (f)	дуг (м)	dug
débiteur (m)	дужник (м)	dužnik
prêter (vt)	дати у зајам	dati u zajam
emprunter (vt)	узети у зајам	uzeti u zajam
banque (f)	банка (ж)	banka
compte (m)	рачун (м)	račun
verser (dans le compte)	ставити	staviti
verser dans le compte	ставити на рачун	staviti na račun
retirer du compte	подићи са рачуна	podići sa računa
carte (f) de crédit	кредитна карта (ж)	kreditna karta
espèces (f pl)	готов новац (м)	gotov novac
chèque (m)	чек (м)	ček
faire un chèque	написати чек	napisati ček
chéquier (m)	чековна књижица (ж)	čekovna knjižica
portefeuille (m)	новчаник (м)	novčanik
bourse (f)	новчаничић (м)	novčaničić
coffre fort (m)	сеф (м)	sef
héritier (m)	наследник (м)	naslednik
héritage (m)	наследство (с)	nasledstvo
fortune (f)	имовина (ж)	imovina
location (f)	закуп (м)	zakup
loyer (m) (argent)	станарина (ж)	stanarina
louer (prendre en location)	изнајмити	iznajmiti
prix (m)	цена (ж)	cena

coût (m)	вредност (ж)	vrednost
somme (f)	износ (м)	iznos
dépenser (vt)	трошити	trošiti
dépenses (f pl)	трошкови (м мн)	troškovi
économiser (vt)	штедети	štedeti
économe (adj)	штедљив	štedljiv
payer (régler)	платити	platiti
paiement (m)	плаћање (c)	plaćanje
monnaie (f) (rendre la ~)	кусур (м)	kusur
impôt (m)	порез (м)	porez
amende (f)	новчана казна (ж)	novčana kazna
mettre une amende	казнити	kazniti

42. La poste. Les services postaux

poste (f)	пошта (ж)	pošta
courrier (m) (lettres, etc.)	пошта (ж)	pošta
facteur (m)	поштар (м)	poštar
heures (f pl) d'ouverture	радно време (c)	radno vreme
lettre (f)	писмо (c)	pismo
recommandé (m)	препоручено писмо (м)	preporučeno pismo
carte (f) postale	разгледница (ж)	razglednica
télégramme (m)	телеграм (м)	telegram
colis (m)	пошиљка (ж)	pošiljka
mandat (m) postal	трансфер (м) новца	transfer novca
recevoir (vt)	примити	primiti
envoyer (vt)	послати	poslati
envoi (m)	слање (c)	slanje
adresse (f)	адреса (ж)	adresa
code (m) postal	поштански број (м)	poštanski broj
expéditeur (m)	пошиљалац (м)	pošiljalac
destinataire (m)	прималац (м)	primalac
prénom (m)	име (c)	ime
nom (m) de famille	презиме (c)	prezime
tarif (m)	поштарина (ж)	poštarina
normal (adj)	обичан	običan
économique (adj)	економичан	ekonomičan
poids (m)	тежина (ж)	težina
peser (~ les lettres)	вагати	vagati
enveloppe (f)	коверат (м)	koverat
timbre (m)	поштанска марка (ж)	poštanska marka
timbrer (vt)	лепити марку	lepiti marku

43. Les opérations bancaires

banque (f)	банка (ж)	banka
agence (f) bancaire	експозитура (ж)	ekspozitura
conseiller (m)	банкарски службеник (м)	bankarski službenik
gérant (m)	менаџер (м)	menadžer
compte (m)	рачун (м)	račun
numéro (m) du compte	број (м) рачуна	broj računa
compte (m) courant	текући рачун (м)	tekući račun
compte (m) sur livret	штедни рачун (м)	štedni račun
ouvrir un compte	отворити рачун	otvoriti račun
clôturer le compte	затворити рачун	zatvoriti račun
verser dans le compte	ставити на рачун	staviti na račun
retirer du compte	подићи са рачуна	podići sa računa
dépôt (m)	депозит (м)	depozit
faire un dépôt	ставити новац на рачун	staviti novac na račun
virement (m) bancaire	трансфер (м) новца	transfer novca
faire un transfert	послати новац	poslati novac
somme (f)	износ (м)	iznos
Combien?	Колико?	Koliko?
signature (f)	потпис (м)	potpis
signer (vt)	потписати	potpisati
carte (f) de crédit	кредитна картица (ж)	kreditna kartica
code (m)	код (м)	kod
numéro (m) de carte de crédit	број (м) кредитне картице	broj kreditne kartice
distributeur (m)	банкомат (м)	bankomat
chèque (m)	чек (м)	ček
faire un chèque	написати чек	napisati ček
chéquier (m)	чековна књижица (ж)	čekovna knjižica
crédit (m)	кредит (м)	kredit
demander un crédit	тражити кредит	tražiti kredit
prendre un crédit	подићи кредит	podići kredit
accorder un crédit	давати кредит	davati kredit
gage (m)	гаранција (ж)	garancija

44. Le téléphone. La conversation téléphonique

téléphone (m)	телефон (м)	telefon
portable (m)	мобилни телефон (м)	mobilni telefon

répondeur (m)	секретарица (ж)	sekretarica
téléphoner, appeler	звати	zvati
appel (m)	телефонски позив (м)	telefonski poziv

composer le numéro	бирати број	birati broj
Allô!	Хало!	Halo!
demander (~ l'heure)	упитати	upitati
répondre (vi, vt)	јавити се	javiti se

entendre (bruit, etc.)	чути	čuti
bien (adv)	добро	dobro
mal (adv)	лоше	loše
bruits (m pl)	звуци (м мн)	zvuci

récepteur (m)	слушалица (ж)	slušalica
décrocher (vt)	подићи слушалицу	podići slušalicu
raccrocher (vi)	спустити слушалицу	spustiti slušalicu

occupé (adj)	заузето	zauzeto
sonner (vi)	звонити	zvoniti
carnet (m) de téléphone	телефонски именик (м)	telefonski imenik

local (adj)	локалан	lokalan
appel (m) local	локални позив (м)	lokalni poziv
interurbain (adj)	међуградски	međugradski
appel (m) interurbain	међуградски позив (м)	međugradski poziv
international (adj)	међународни	međunarodni
appel (m) international	међународни позив (м)	međunarodni poziv

45. Le téléphone portable

portable (m)	мобилни телефон (м)	mobilni telefon
écran (m)	дисплеј (м)	displej
bouton (m)	дугме (с)	dugme
carte SIM (f)	СИМ картица (ж)	SIM kartica

pile (f)	батерија (ж)	baterija
être déchargé	испразнити се	isprazniti se
chargeur (m)	пуњач (м)	punjač

menu (m)	мени (м)	meni
réglages (m pl)	подешавања (с мн)	podešavanja
mélodie (f)	мелодија (ж)	melodija
sélectionner (vt)	изабрати	izabrati

calculatrice (f)	дигитрон, калкулатор (м)	digitron, kalkulator
répondeur (m)	говорна пошта (ж)	govorna pošta
réveil (m)	аларм (м)	alarm
contacts (m pl)	контакти (м мн)	kontakti

SMS (m)   СМС порука (ж)   SMS poruka
abonné (m)   претплатник (м)   pretplatnik

46. La papeterie

stylo (m) à bille   хемијска оловка (ж)   hemijska olovka
stylo (m) à plume   наливперо (с)   nalivpero

crayon (m)   оловка (ж)   olovka
marqueur (m)   маркер (м)   marker
feutre (m)   фломастер (м)   flomaster

bloc-notes (m)   нотес (м)   notes
agenda (m)   роковник (м)   rokovnik

règle (f)   лењир (м)   lenjir
calculatrice (f)   дигитрон,   digitron,
                         калкулатор (м)   kalkulator

gomme (f)   гумица (ж)   gumica
punaise (f)   ексерчић (ж)   ekserčić
trombone (m)   спајалица (ж)   spajalica

colle (f)   лепак (м)   lepak
agrafeuse (f)   хефталица (ж)   heftalica
perforateur (m)   бушилица (ж) за папир   bušilica za papir
taille-crayon (m)   резач (м)   rezač

47. Les langues étrangères

langue (f)   језик (м)   jezik
étranger (adj)   страни   strani
langue (f) étrangère   страни језик (м)   strani jezik
étudier (vt)   студирати   studirati
apprendre (~ l'arabe)   учити   učiti

lire (vi, vt)   читати   čitati
parler (vi, vt)   говорити   govoriti
comprendre (vt)   разумети   razumeti
écrire (vt)   писати   pisati

vite (adv)   брзо   brzo
lentement (adv)   споро   sporo
couramment (adv)   течно   tečno

règles (f pl)   правила (с мн)   pravila
grammaire (f)   граматика (ж)   gramatika
vocabulaire (m)   лексикон (м)   leksikon
phonétique (f)   фонетика (ж)   fonetika

manuel (m)	уџбеник (м)	udžbenik
dictionnaire (m)	речник (м)	rečnik
manuel (m) autodidacte	приручник (м) за самоуке	priručnik za samouke
guide (m) de conversation	приручник (м) за конверзацију	priručnik za konverzaciju

cassette (f)	касета (ж)	kaseta
cassette (f) vidéo	видео касета (ж)	video kaseta
CD (m)	ЦД, диск (м)	CD, disk
DVD (m)	ДВД (м)	DVD

alphabet (m)	азбука, абецеда (ж)	azbuka, abeceda
épeler (vt)	спеловати	spelovati
prononciation (f)	изговор (м)	izgovor

accent (m)	нагласак (м)	naglasak
avec un accent	са нагласком	sa naglaskom
sans accent	без нагласка	bez naglaska

| mot (m) | реч (ж) | reč |
| sens (m) | смисао (м) | smisao |

cours (m pl)	течај (м)	tečaj
s'inscrire (vp)	уписати се	upisati se
professeur (m) (~ d'anglais)	професор (м)	profesor

traduction (f) (action)	превођење (с)	prevođenje
traduction (f) (texte)	превод (м)	prevod
traducteur (m)	преводилац (м)	prevodilac
interprète (m)	преводилац (м)	prevodilac

| polyglotte (m) | полиглота (м) | poliglota |
| mémoire (f) | памћење (с) | pamćenje |

T&P BOOKS

LES REPAS.
LE RESTAURANT

T&P Books Publishing

48. Le dressage de la table

cuillère (f)	кашика (ж)	kašika
couteau (m)	нож (м)	nož
fourchette (f)	виљушка (ж)	viljuška
tasse (f)	шоља (ж)	šolja
assiette (f)	тањир (м)	tanjir
soucoupe (f)	тацна (ж)	tacna
serviette (f)	салвета (ж)	salveta
cure-dent (m)	чачкалица (ж)	čačkalica

49. Le restaurant

restaurant (m)	ресторан (м)	restoran
salon (m) de café	кафић (м)	kafić
bar (m)	бар (м)	bar
salon (m) de thé	чајџиница (ж)	čajdžinica
serveur (m)	конобар (м)	konobar
serveuse (f)	конобарица (ж)	konobarica
barman (m)	бармен (м)	barmen
carte (f)	јеловник (м)	jelovnik
carte (f) des vins	винска карта (ж)	vinska karta
réserver une table	резервисати сто	rezervisati sto
plat (m)	јело (с)	jelo
commander (vt)	наручити	naručiti
faire la commande	поручити	poručiti
apéritif (m)	аперитив (м)	aperitiv
hors-d'œuvre (m)	предјело (с)	predjelo
dessert (m)	десерт (м)	desert
addition (f)	рачун (м)	račun
régler l'addition	исплатити рачун	isplatiti račun
rendre la monnaie	вратити кусур	vratiti kusur
pourboire (m)	бакшиш (м)	bakšiš

50. Les repas

nourriture (f)	храна (ж)	hrana
manger (vi, vt)	јести	jesti

petit déjeuner (m)	доручак (м)	doručak
prendre le petit déjeuner	доручковати	doručkovati
déjeuner (m)	ручак (м)	ručak
déjeuner (vi)	ручати	ručati
dîner (m)	вечера (ж)	večera
dîner (vi)	вечерати	večerati
appétit (m)	апетит (м)	apetit
Bon appétit!	Пријатно!	Prijatno!
ouvrir (vt)	отварати	otvarati
renverser (liquide)	просути	prosuti
se renverser (liquide)	просути се	prosuti se
bouillir (vi)	кључати	ključati
faire bouillir	проврити	provriti
bouilli (l'eau ~e)	кључала	ključala
refroidir (vt)	охладити	ohladiti
se refroidir (vp)	охладити се	ohladiti se
goût (m)	укус (м)	ukus
arrière-goût (m)	паукус (м)	paukus
suivre un régime	мршавити	mršaviti
régime (m)	дијета (ж)	dijeta
vitamine (f)	витамин (м)	vitamin
calorie (f)	калорија (ж)	kalorija
végétarien (m)	вегетаријанац (м)	vegetarijanac
végétarien (adj)	вегетаријански	vegetarijanski
lipides (m pl)	масти (ж мн)	masti
protéines (f pl)	протеини, беланчевине (мн)	proteini, belančevine
glucides (m pl)	угљени хидрати (м мн)	ugljeni hidrati
tranche (f)	парче (с)	parče
morceau (m)	комад (м)	komad
miette (f)	мрва (ж)	mrva

51. Les plats cuisinés

plat (m)	јело (с)	jelo
cuisine (f)	кухиња (ж)	kuhinja
recette (f)	рецепт (м)	recept
portion (f)	порција (ж)	porcija
salade (f)	салата (ж)	salata
soupe (f)	супа (ж)	supa
bouillon (m)	бујон (м)	buljon
sandwich (m)	сендвич (м)	sendvič

les œufs brouillés	печена jaja (ж мн)	pečena jaja
hamburger (m)	хамбургер (м)	hamburger
steak (m)	бифтек (м)	biftek

garniture (f)	прилог (м)	prilog
spaghettis (m pl)	шпагети (м мн)	špageti
purée (f)	пире (м) од кромпира	pire od krompira
pizza (f)	пица (ж)	pica
bouillie (f)	каша (ж)	kaša
omelette (f)	омлет (м)	omlet

cuit à l'eau (adj)	куван	kuvan
fumé (adj)	димљен	dimljen
frit (adj)	пржен	pržen
sec (adj)	сушен	sušen
congelé (adj)	замрзнут	zamrznut
mariné (adj)	мариниран, укисељен	mariniran, ukiseljen

sucré (adj)	сладак	sladak
salé (adj)	слан	slan
froid (adj)	хладан	hladan
chaud (adj)	врућ	vruć
amer (adj)	горак	gorak
bon (savoureux)	укусан	ukusan

cuire à l'eau	барити	bariti
préparer (le dîner)	кувати	kuvati
faire frire	пржети	pržeti
réchauffer (vt)	подгревати	podgrevati

saler (vt)	солити	soliti
poivrer (vt)	биберити	biberiti
râper (vt)	рендати	rendati
peau (f)	кора (ж)	kora
éplucher (vt)	љуштити	ljuštiti

52. Les aliments

viande (f)	месо (с)	meso
poulet (m)	пилетина (ж)	piletina
poulet (m) (poussin)	млада пилетина (ж)	mlada piletina
canard (m)	патка (ж)	patka
oie (f)	гуска (ж)	guska
gibier (m)	дивљач (ж)	divljač
dinde (f)	ћуран (м)	ćuran

du porc	свињетина (ж)	svinjetina
du veau	телетина (ж)	teletina
du mouton	jагњетина (ж)	jagnjetina
du bœuf	говедина (ж)	govedina

lapin (m)	зец (м)	zec
saucisson (m)	кобасица (ж)	kobasica
saucisse (f)	виршла (ж)	viršla
bacon (m)	сланина (ж)	slanina
jambon (m)	шунка (ж)	šunka
cuisse (f)	димљена шунка (ж)	dimljena šunka
pâté (m)	паштета (ж)	pašteta
foie (m)	џигерица (ж)	džigerica
farce (f)	млевено месо (с)	mleveno meso
langue (f)	језик (м)	jezik
œuf (m)	jaje (с)	jaje
les œufs	jaja (с мн)	jaja
blanc (m) d'œuf	беланце (с)	belance
jaune (m) d'œuf	жуманце (с)	žumance
poisson (m)	риба (ж)	riba
fruits (m pl) de mer	плодови (м мн) мора	plodovi mora
crustacés (m pl)	ракови (м мн)	rakovi
caviar (m)	кавијар (м)	kavijar
crabe (m)	морски рак (м)	morski rak
crevette (f)	морски рачић (м)	morski račić
huître (f)	острига (ж)	ostriga
langoustine (f)	jастог (м)	jastog
poulpe (m)	октопод (м)	oktopod
calamar (m)	лигња (ж)	lignja
esturgeon (m)	jесетрина (ж)	jesetrina
saumon (m)	лосос (м)	losos
flétan (m)	иверак (м)	iverak
morue (f)	бакалар (м)	bakalar
maquereau (m)	скуша (ж)	skuša
thon (m)	туњевина (ж)	tunjevina
anguille (f)	jегуља (ж)	jegulja
truite (f)	пастрмка (ж)	pastrmka
sardine (f)	сардина (ж)	sardina
brochet (m)	штука (ж)	štuka
hareng (m)	харинга (ж)	haringa
pain (m)	хлеб (м)	hleb
fromage (m)	сир (м)	sir
sucre (m)	шећер (м)	šećer
sel (m)	со (ж)	so
riz (m)	пиринач (м)	pirinač
pâtes (m pl)	макароне (ж мн)	makarone
nouilles (f pl)	резанци (м мн)	rezanci
beurre (m)	маслац (м)	maslac

huile (f) végétale	зејтин (м)	zejtin
huile (f) de tournesol	сунцокретово уље (с)	suncokretovo ulje
margarine (f)	маргарин (м)	margarin
olives (f pl)	маслине (ж мн)	masline
huile (f) d'olive	маслиново уље (с)	maslinovo ulje
lait (m)	млеко (с)	mleko
lait (m) condensé	кондензовано млеко (с)	kondenzovano mleko
yogourt (m)	јогурт (м)	jogurt
crème (f) aigre	кисела павлака (ж)	kisela pavlaka
crème (f) (de lait)	павлака (ж)	pavlaka
sauce (f) mayonnaise	мајонез (м)	majonez
crème (f) au beurre	крем (м)	krem
gruau (m)	житарице (ж мн)	žitarice
farine (f)	брашно (с)	brašno
conserves (f pl)	конзервирана храна (ж)	konzervirana hrana
pétales (m pl) de maïs	кукурузне пахуљице (ж мн)	kukuruzne pahuljice
miel (m)	мед (м)	med
confiture (f)	џем (м)	džem
gomme (f) à mâcher	гума (ж) за жвакање	guma za žvakanje

53. Les boissons

eau (f)	вода (ж)	voda
eau (f) potable	вода (ж) за пиће	voda za piće
eau (f) minérale	кисела вода (ж)	kisela voda
plate (adj)	негазирана	negazirana
gazeuse (l'eau ~)	газирана	gazirana
pétillante (adj)	газирана	gazirana
glace (f)	лед (м)	led
avec de la glace	са ледом	sa ledom
sans alcool	безалкохолан	bezalkoholan
boisson (f) non alcoolisée	безалкохолано пиће (с)	bezalkoholano piće
rafraîchissement (m)	освежавајуће пиће (с)	osvežavajuće piće
limonade (f)	лимунада (ж)	limunada
boissons (f pl) alcoolisées	алкохолно пиће (с)	alkoholno piće
vin (m)	вино (с)	vino
vin (m) blanc	бело вино (с)	belo vino
vin (m) rouge	црно вино (с)	crno vino
liqueur (f)	ликер (м)	liker
champagne (m)	шампањац (м)	šampanjac

vermouth (m)	вермут (м)	vermut
whisky (m)	виски (м)	viski
vodka (f)	водка (ж)	vodka
gin (m)	џин (м)	džin
cognac (m)	коњак (м)	konjak
rhum (m)	рум (м)	rum
café (m)	кафа (ж)	kafa
café (m) noir	црна кафа (ж)	crna kafa
café (m) au lait	кафа (ж) са млеком	kafa sa mlekom
cappuccino (m)	капућино (м)	kapućino
café (m) soluble	инстант кафа (ж)	instant kafa
lait (m)	млеко (с)	mleko
cocktail (m)	коктел (м)	koktel
cocktail (m) au lait	милкшејк (м)	milkšejk
jus (m)	сок (м)	sok
jus (m) de tomate	сок (м) од парадајза	sok od paradajza
jus (m) d'orange	сок од наранџе (м)	sok od narandže
jus (m) pressé	цеђени сок (м)	ceđeni sok
bière (f)	пиво (с)	pivo
bière (f) blonde	светло пиво (с)	svetlo pivo
bière (f) brune	тамно пиво (с)	tamno pivo
thé (m)	чај (м)	čaj
thé (m) noir	црни чај (м)	crni čaj
thé (m) vert	зелени чај (м)	zeleni čaj

54. Les légumes

légumes (m pl)	поврће (с)	povrće
verdure (f)	зелениш (м)	zeleniš
tomate (f)	парадајз (м)	paradajz
concombre (m)	краставац (м)	krastavac
carotte (f)	шаргарепа (ж)	šargarepa
pomme (f) de terre	кромпир (м)	krompir
oignon (m)	црни лук (м)	crni luk
ail (m)	бели лук, чешњак (м)	beli luk, češnjak
chou (m)	купус (м)	kupus
chou-fleur (m)	карфиол (м)	karfiol
chou (m) de Bruxelles	прокељ (м)	prokelj
brocoli (m)	броколи (м)	brokoli
betterave (f)	цвекла (ж)	cvekla
aubergine (f)	плави патлиџан (м)	plavi patlidžan
courgette (f)	тиквица (ж)	tikvica

| potiron (m) | тиква (ж) | tikva |
| navet (m) | репа (ж) | repa |

persil (m)	першун (м)	peršun
fenouil (m)	мирођија (ж)	mirođija
laitue (f) (salade)	зелена салата (ж)	zelena salata
céleri (m)	целер (м)	celer
asperge (f)	шпаргла (ж)	špargla
épinard (m)	спанаћ (м)	spanać

pois (m)	грашак (м)	grašak
fèves (f pl)	махунарке (ж мн)	mahunarke
maïs (m)	кукуруз (м)	kukuruz
haricot (m)	пасуљ (м)	pasulj

poivron (m)	паприка (ж)	paprika
radis (m)	ротквица (ж)	rotkvica
artichaut (m)	артичока (ж)	artičoka

55. Les fruits. Les noix

fruit (m)	воћка (ж)	voćka
pomme (f)	јабука (ж)	jabuka
poire (f)	крушка (ж)	kruška
citron (m)	лимун (м)	limun
orange (f)	наранџа (ж)	narandža
fraise (f)	јагода (ж)	jagoda

mandarine (f)	мандарина (ж)	mandarina
prune (f)	шљива (ж)	šljiva
pêche (f)	бресква (ж)	breskva
abricot (m)	кајсија (ж)	kajsija
framboise (f)	малина (ж)	malina
ananas (m)	ананас (м)	ananas

banane (f)	банана (ж)	banana
pastèque (f)	лубеница (ж)	lubenica
raisin (m)	грожђе (с)	grožđe
cerise (f)	вишња (ж)	višnja
merise (f)	трешња (ж)	trešnja
melon (m)	диња (ж)	dinja

pamplemousse (m)	грејпфрут (м)	grejpfrut
avocat (m)	авокадо (м)	avokado
papaye (f)	папаја (ж)	papaja
mangue (f)	манго (м)	mango
grenade (f)	нар (м)	nar

| groseille (f) rouge | црвена рибизла (ж) | crvena ribizla |
| cassis (m) | црна рибизла (ж) | crna ribizla |

groseille (f) verte	огрозд (м)	ogrozd
myrtille (f)	боровница (ж)	borovnica
mûre (f)	купина (ж)	kupina
raisin (m) sec	суво грожђе (с)	suvo grožđe
figue (f)	смоква (ж)	smokva
datte (f)	урма (ж)	urma
cacahuète (f)	кикирики (м)	kikiriki
amande (f)	бадем (м)	badem
noix (f)	орах (м)	orah
noisette (f)	лешник (м)	lešnik
noix (f) de coco	кокосов орах (м)	kokosov orah
pistaches (f pl)	пистаћи (мн)	pistaći

56. Le pain. Les confiseries

confiserie (f)	посластичарски производи (м мн)	poslastičarski proizvodi
pain (m)	хлеб (м)	hleb
biscuit (m)	бисквити (м мн)	biskviti
chocolat (m)	чоколада (ж)	čokolada
en chocolat (adj)	чоколадан	čokoladan
bonbon (m)	бомбона (ж)	bombona
gâteau (m), pâtisserie (f)	колач (м)	kolač
tarte (f)	торта (ж)	torta
gâteau (m)	пита (ж)	pita
garniture (f)	фил (м)	fil
confiture (f)	слатко (с)	slatko
marmelade (f)	мармелада (ж)	marmelada
gaufre (f)	облатне (мн)	oblatne
glace (f)	сладолед (м)	sladoled
pudding (m)	пудинг (м)	puding

57. Les épices

sel (m)	со (ж)	so
salé (adj)	слан	slan
saler (vt)	солити	soliti
poivre (m) noir	црни бибер (м)	crni biber
poivre (m) rouge	црвени бибер (млевени)	crveni biber (mleveni)
moutarde (f)	сенф (м)	senf
raifort (m)	рен, хрен (м)	ren, hren

condiment (m)	**додатак, зачин** (м)	dodatak, začin
épice (f)	**зачин** (м)	začin
sauce (f)	**сос** (м)	sos
vinaigre (m)	**сирће** (с)	sirće
anis (m)	**анис** (м)	anis
basilic (m)	**босиљак** (м)	bosiljak
clou (m) de girofle	**каранфил** (м)	karanfil
gingembre (m)	**ђумбир** (м)	đumbir
coriandre (m)	**кориандер** (м)	koriander
cannelle (f)	**цимет** (м)	cimet
sésame (m)	**сусам** (м)	susam
feuille (f) de laurier	**ловор** (м)	lovor
paprika (m)	**паприка** (м)	paprika
cumin (m)	**ким** (м)	kim
safran (m)	**шафран** (м)	šafran

T&P BOOKS

LES DONNÉES PERSONNELLES. LA FAMILLE

T&P Books Publishing

58. Les données personnelles. Les formulaires

prénom (m)	име (с)	ime
nom (m) de famille	презиме (с)	prezime
date (f) de naissance	датум (м) рођења	datum rođenja
lieu (m) de naissance	место (с) рођења	mesto rođenja
nationalité (f)	националност (ж)	nacionalnost
domicile (m)	место (с) боравка	mesto boravka
pays (m)	земља (ж)	zemlja
profession (f)	професија (ж)	profesija
sexe (m)	пол (м)	pol
taille (f)	раст (м)	rast
poids (m)	тежина (ж)	težina

59. La famille. Les liens de parenté

mère (f)	мајка (ж)	majka
père (m)	отац (м)	otac
fils (m)	син (м)	sin
fille (f)	кћи (ж)	kći
fille (f) cadette	млађа кћи (ж)	mlađa kći
fils (m) cadet	млађи син (м)	mlađi sin
fille (f) aînée	најстарија кћи (ж)	najstarija kći
fils (m) aîné	најстарији син (м)	najstariji sin
frère (m)	брат (м)	brat
frère (m) aîné	старији брат (м)	stariji brat
frère (m) cadet	млађи брат (м)	mlađi brat
sœur (f)	сестра (ж)	sestra
sœur (f) aînée	старија сестра (ж)	starija sestra
sœur (f) cadette	млађа сестра (ж)	mlađa sestra
cousin (m)	рођак (м)	rođak
cousine (f)	рођака (ж)	rođaka
maman (f)	мама (ж)	mama
papa (m)	тата (м)	tata
parents (m pl)	родитељи (мн)	roditelji
enfant (m, f)	дете (с)	dete
enfants (pl)	деца (с мн)	deca
grand-mère (f)	бака (ж)	baka
grand-père (m)	деда (м)	deda

petit-fils (m)	унук (м)	unuk
petite-fille (f)	унука (ж)	unuka
petits-enfants (pl)	унуци (мн)	unuci

oncle (m)	ујак, стриц (м)	ujak, stric
tante (f)	ујна, стрина (ж)	ujna, strina
neveu (m)	синовац (м)	sinovac
nièce (f)	синовица (ж)	sinovica

belle-mère (f)	ташта (ж)	tašta
beau-père (m)	свекар (м)	svekar
gendre (m)	зет (м)	zet
belle-mère (f)	маћеха (ж)	maćeha
beau-père (m)	очух (м)	očuh

nourrisson (m)	одојче (с)	odojče
bébé (m)	беба (ж)	beba
petit (m)	мало дете (с)	malo dete

femme (f)	жена (ж)	žena
mari (m)	муж (м)	muž
époux (m)	супруг (м)	suprug
épouse (f)	супруга (ж)	supruga

marié (adj)	ожењен	oženjen
mariée (adj)	удата	udata
célibataire (adj)	неожењен	neoženjen
célibataire (m)	нежења (м)	neženja
divorcé (adj)	разведен	razveden
veuve (f)	удовица (ж)	udovica
veuf (m)	удовац (м)	udovac

parent (m)	рођак (м)	rođak
parent (m) proche	блиски рођак (м)	bliski rođak
parent (m) éloigné	даљи рођак (м)	dalji rođak
parents (m pl)	рођаци (мн)	rođaci

orphelin (m), orpheline (f)	сироче (с)	siroče
tuteur (m)	старатељ (м)	staratelj
adopter (un garçon)	усвојити	usvojiti
adopter (une fille)	усвојити	usvojiti

60. Les amis. Les collègues

ami (m)	пријатељ (м)	prijatelj
amie (f)	пријатељица (ж)	prijateljica
amitié (f)	пријатељство (с)	prijateljstvo
être ami	дружити се	družiti se
copain (m)	пријатељ (м)	prijatelj
copine (f)	пријатељица (ж)	prijateljica

partenaire (m)	**партнер** (м)	partner
chef (m)	**шеф** (м)	šef
supérieur (m)	**начелник** (м)	načelnik
propriétaire (m)	**власник** (м)	vlasnik
subordonné (m)	**подређени** (м)	podređeni
collègue (m, f)	**колега** (м)	kolega
connaissance (f)	**познаник** (м)	poznanik
compagnon (m) de route	**сапутник** (м)	saputnik
copain (m) de classe	**школски друг** (м)	školski drug
voisin (m)	**комшија** (м)	komšija
voisine (f)	**комшиница** (ж)	komšinica
voisins (m pl)	**комшије** (мн)	komšije

LE CORPS HUMAIN. LES MÉDICAMENTS

T&P Books Publishing

tête (f)	глава (ж)	glava
visage (m)	лице (с)	lice
nez (m)	нос (м)	nos
bouche (f)	уста (с мн)	usta
œil (m)	око (с)	oko
les yeux	очи (с мн)	oči
pupille (f)	зеница (ж)	zenica
sourcil (m)	обрва (ж)	obrva
cil (m)	трепавица (ж)	trepavica
paupière (f)	капак (м)	kapak
langue (f)	језик (м)	jezik
dent (f)	зуб (м)	zub
lèvres (f pl)	усне (ж мн)	usne
pommettes (f pl)	јагодице (ж мн)	jagodice
gencive (f)	десни (с мн)	desni
palais (m)	непце (с)	nepce
narines (f pl)	ноздрве (ж мн)	nozdrve
menton (m)	брада (ж)	brada
mâchoire (f)	вилица (ж)	vilica
joue (f)	образ (м)	obraz
front (m)	чело (с)	čelo
tempe (f)	слепоочница (ж)	slepoočnica
oreille (f)	ухо (с)	uho
nuque (f)	потиљак (м)	potiljak
cou (m)	врат (м)	vrat
gorge (f)	грло (с)	grlo
cheveux (m pl)	коса (ж)	kosa
coiffure (f)	фризура (ж)	frizura
coupe (f)	фризура (ж)	frizura
perruque (f)	перика (ж)	perika
moustache (f)	бркови (м мн)	brkovi
barbe (f)	брада (ж)	brada
porter (~ la barbe)	носити	nositi
tresse (f)	плетеница (ж)	pletenica
favoris (m pl)	зулуфи (м мн)	zulufi
roux (adj)	риђ	riđ
gris, grisonnant (adj)	сед	sed

chauve (adj)	ћелав	ćelav
calvitie (f)	ћела (ж)	ćela
queue (f) de cheval	коњски реп (м)	konjski rep
frange (f)	шишке (мн)	šiške

62. Le corps humain

main (f)	шака (ж)	šaka
bras (m)	рука (ж)	ruka
doigt (m)	прст (м)	prst
orteil (m)	ножни прст (м)	nožni prst
pouce (m)	палац (м)	palac
petit doigt (m)	мали прст (м)	mali prst
ongle (m)	нокат (м)	nokat
poing (m)	песница (ж)	pesnica
paume (f)	длан (ж)	dlan
poignet (m)	запешће (с)	zapešće
avant-bras (m)	подлактица (ж)	podlaktica
coude (m)	лакат (м)	lakat
épaule (f)	раме (с)	rame
jambe (f)	нога (ж)	noga
pied (m)	стопало (с)	stopalo
genou (m)	колено (с)	koleno
mollet (m)	лист (м)	list
hanche (f)	кук (м)	kuk
talon (m)	пета (ж)	peta
corps (m)	тело (с)	telo
ventre (m)	трбух (м)	trbuh
poitrine (f)	прса (мн)	prsa
sein (m)	груди (ж мн)	grudi
côté (m)	бок (м)	bok
dos (m)	леђа (мн)	leđa
reins (région lombaire)	крста (с мн)	krsta
taille (f) (~ de guêpe)	струк (м)	struk
nombril (m)	пупак (м)	pupak
fesses (f pl)	стражњица (ж)	stražnjica
derrière (m)	задњица (ж)	zadnjica
grain (m) de beauté	младеж (м)	mladež
tache (f) de vin	белег, младеж (м)	beleg, mladež
tatouage (m)	тетоважа (ж)	tetovaža
cicatrice (f)	ожиљак (м)	ožiljak

63. Les maladies

maladie (f)	**болест** (ж)	bolest
être malade	**боловати**	bolovati
santé (f)	**здравље** (c)	zdravlje
rhume (m) (coryza)	**кијавица** (ж)	kijavica
angine (f)	**ангина** (ж)	angina
refroidissement (m)	**прехлада** (ж)	prehlada
prendre froid	**прехладити се**	prehladiti se
bronchite (f)	**бронхитис** (м)	bronhitis
pneumonie (f)	**запаљење** (c) **плућа**	zapaljenje pluća
grippe (f)	**грип** (м)	grip
myope (adj)	**кратковид**	kratkovid
presbyte (adj)	**далековид**	dalekovid
strabisme (m)	**разрокост** (ж)	razrokost
strabique (adj)	**разрок**	razrok
cataracte (f)	**катаракта** (ж)	katarakta
glaucome (m)	**глауком** (м)	glaukom
insulte (f)	**мождани удар** (м)	moždani udar
crise (f) cardiaque	**инфаркт** (м)	infarkt
infarctus (m) de myocarde	**инфаркт** (м) **миокарда**	infarkt miokarda
paralysie (f)	**парализа** (ж)	paraliza
paralyser (vt)	**парализовати**	paralizovati
allergie (f)	**алергија** (ж)	alergija
asthme (m)	**астма** (ж)	astma
diabète (m)	**дијабетес** (м)	dijabetes
mal (m) de dents	**зубобоља** (ж)	zubobolja
carie (f)	**каријес** (м)	karijes
diarrhée (f)	**дијареја** (ж), **пролив** (м)	dijareja, proliv
constipation (f)	**затвор** (м)	zatvor
estomac (m) barbouillé	**лоша пробава** (ж)	loša probava
intoxication (f) alimentaire	**тровање** (c) **храном**	trovanje hranom
être intoxiqué	**отровати се**	otrovati se
arthrite (f)	**артритис** (м)	artritis
rachitisme (m)	**рахитис** (м)	rahitis
rhumatisme (m)	**реуматизам** (м)	reumatizam
athérosclérose (f)	**атеросклероза** (ж)	ateroskleroza
gastrite (f)	**гастритис** (м)	gastritis
appendicite (f)	**апендицитис** (м)	apendicitis
cholécystite (f)	**холециститис** (м)	holecistitis
ulcère (m)	**чир** (м) **на желуцу**	čir na želucu
rougeole (f)	**мале богиње** (ж мн)	male boginje

rubéole (f)	рубеола (ж)	rubeola
jaunisse (f)	жутица (ж)	žutica
hépatite (f)	хепатитис (м)	hepatitis
schizophrénie (f)	шизофренија (ж)	šizofrenija
rage (f) (hydrophobie)	беснило (с)	besnilo
névrose (f)	неуроза (ж)	neuroza
commotion (f) cérébrale	потрес (м) мозга	potres mozga
cancer (m)	рак (м)	rak
sclérose (f)	склероза (ж)	skleroza
sclérose (f) en plaques	мултипла склероза (ж)	multipla skleroza
alcoolisme (m)	алкохолизам (м)	alkoholizam
alcoolique (m)	алкохоличар (м)	alkoholičar
syphilis (f)	сифилис (м)	sifilis
SIDA (m)	СИДА (ж)	SIDA
tumeur (f)	тумор (м)	tumor
maligne (adj)	малигни	maligni
bénigne (adj)	бенигни	benigni
fièvre (f)	грозница (ж)	groznica
malaria (f)	маларија (ж)	malarija
gangrène (f)	гангрена (ж)	gangrena
mal (m) de mer	морска болест (ж)	morska bolest
épilepsie (f)	епилепсија (ж)	epilepsija
épidémie (f)	епидемија (ж)	epidemija
typhus (m)	тифус (м)	tifus
tuberculose (f)	туберкулоза (ж)	tuberkuloza
choléra (m)	колера (ж)	kolera
peste (f)	куга (ж)	kuga

64. Les symptômes. Le traitement. Partie 1

symptôme (m)	симптом (м)	simptom
température (f)	температура (ж)	temperatura
fièvre (f)	висока температура (ж)	visoka temperatura
pouls (m)	пулс (м)	puls
vertige (m)	вртоглавица (ж)	vrtoglavica
chaud (adj)	врућ	vruć
frisson (m)	језа (ж)	jeza
pâle (adj)	блед	bled
toux (f)	кашаљ (м)	kašalj
tousser (vi)	кашљати	kašljati
éternuer (vi)	кијати	kijati
évanouissement (m)	несвестица (ж)	nesvestica

s'évanouir (vp)	онесвестити се	onesvestiti se
bleu (m)	модрица (ж)	modrica
bosse (f)	чворуга (ж)	čvoruga
se heurter (vp)	ударити се	udariti se
meurtrissure (f)	озледа (ж)	ozleda
se faire mal	озледити се	ozlediti se
boiter (vi)	храмати	hramati
foulure (f)	ишчашење (с)	iščašenje
se démettre (l'épaule, etc.)	ишчашити	iščašiti
fracture (f)	прелом (м)	prelom
avoir une fracture	задобити прелом	zadobiti prelom
coupure (f)	посекотина (ж)	posekotina
se couper (~ le doigt)	посећи се	poseći se
hémorragie (f)	крварење (с)	krvarenje
brûlure (f)	опекотина (ж)	opekotina
se brûler (vp)	опећи се	opeći se
se piquer (le doigt)	убости	ubosti
se piquer (vp)	убости се	ubosti se
blesser (vt)	повредити	povrediti
blessure (f)	повреда (ж)	povreda
plaie (f) (blessure)	рана (ж)	rana
trauma (m)	траума (ж)	trauma
délirer (vi)	бунцати	buncati
bégayer (vi)	муцати	mucati
insolation (f)	сунчаница (ж)	sunčanica

65. Les symptômes. Le traitement. Partie 2

douleur (f)	бол (м)	bol
écharde (f)	трн (м)	trn
sueur (f)	зној (м)	znoj
suer (vi)	знојити се	znojiti se
vomissement (m)	повраћање (с)	povraćanje
spasmes (m pl)	конвулзије (ж мн)	konvulzije
enceinte (adj)	трудна	trudna
naître (vi)	родити се	roditi se
accouchement (m)	порођај (м)	porođaj
accoucher (vi)	рађати	rađati
avortement (m)	абортус (м), побачај (м)	abortus, pobačaj
respiration (f)	дисање (с)	disanje
inhalation (f)	удисај (м)	udisaj
expiration (f)	издисај (м)	izdisaj

| expirer (vi) | издахнути | izdahnuti |
| inspirer (vi) | удахнути | udahnuti |

invalide (m)	инвалид (м)	invalid
handicapé (m)	богаљ (м)	bogalj
drogué (m)	наркоман (м)	narkoman

sourd (adj)	глув	gluv
muet (adj)	нем	nem
sourd-muet (adj)	глувонем	gluvonem

fou (adj)	луд	lud
fou (m)	лудак (м)	ludak
folle (f)	луда (ж)	luda
devenir fou	полудети	poludeti

gène (m)	ген (м)	gen
immunité (f)	имунитет (м)	imunitet
héréditaire (adj)	наследни	nasledni
congénital (adj)	урођен	urođen

virus (m)	вирус (м)	virus
microbe (m)	микроб (м)	mikrob
bactérie (f)	бактерија (ж)	bakterija
infection (f)	инфекција (ж)	infekcija

66. Les symptômes. Le traitement. Partie 3

| hôpital (m) | болница (ж) | bolnica |
| patient (m) | пацијент (м) | pacijent |

diagnostic (m)	дијагноза (ж)	dijagnoza
cure (f) (faire une ~)	лечење (с)	lečenje
traitement (m)	медицински третман (м)	medicinski tretman
se faire soigner	лечити се	lečiti se
traiter (un patient)	лечити	lečiti
soigner (un malade)	неговати	negovati
soins (m pl)	неговање (с)	negovanje

opération (f)	операција (ж)	operacija
panser (vt)	превити	previti
pansement (m)	превијање (с)	previjanje

vaccination (f)	вакцинација (ж)	vakcinacija
vacciner (vt)	вакцинисати се	vakcinisati se
piqûre (f)	ињекција (ж)	injekcija
faire une piqûre	дати ињекцију	dati injekciju

| crise, attaque (f) | напад (м) | napad |
| amputation (f) | ампутација (ж) | amputacija |

amputer (vt)	**ампутирати**	amputirati
coma (m)	**кома** (ж)	koma
être dans le coma	**бити у коми**	biti u komi
réanimation (f)	**интензивна нега** (ж)	intenzivna nega
se rétablir (vp)	**опоравити**	oporaviti
état (m) (de santé)	**стање** (с)	stanje
conscience (f)	**свест** (ж)	svest
mémoire (f)	**памћење** (с)	pamćenje
arracher (une dent)	**вадити**	vaditi
plombage (m)	**пломба** (ж)	plomba
plomber (vt)	**пломбирати**	plombiratl
hypnose (f)	**хипноза** (ж)	hipnoza
hypnotiser (vt)	**хипнотисати**	hipnotisati

67. Les médicaments. Les accessoires

médicament (m)	**лек** (м)	lek
remède (m)	**средство** (с)	sredstvo
prescrire (vt)	**преписати**	prepisati
ordonnance (f)	**рецепт** (м)	recept
comprimé (m)	**таблета** (ж)	tableta
onguent (m)	**маст** (ж)	mast
ampoule (f)	**ампула** (ж)	ampula
mixture (f)	**микстура** (ж)	mikstura
sirop (m)	**сируп** (м)	sirup
pilule (f)	**пилула** (ж)	pilula
poudre (f)	**прашак** (м)	prašak
bande (f)	**завој** (м)	zavoj
coton (m) (ouate)	**вата** (ж)	vata
iode (m)	**јод** (м)	jod
sparadrap (m)	**фластер** (м)	flaster
compte-gouttes (m)	**пипета** (ж)	pipeta
thermomètre (m)	**термометар** (м)	termometar
seringue (f)	**шприц** (м)	špric
fauteuil (m) roulant	**инвалидска колица** (ж)	invalidska kolica
béquilles (f pl)	**штаке** (ж мн)	štake
anesthésique (m)	**аналгетик** (м)	analgetik
purgatif (m)	**лаксатив** (м)	laksativ
alcool (m)	**алкохол** (м)	alkohol
herbe (f) médicinale	**лековито биље** (с)	lekovito bilje
d'herbes (adj)	**биљни**	biljni

L'APPARTEMENT

T&P Books Publishing

68. L'appartement

appartement (m)	стан (м)	stan
chambre (f)	соба (ж)	soba
chambre (f) à coucher	спаваћа соба (ж)	spavaća soba
salle (f) à manger	трпезарија (ж)	trpezarija
salon (m)	дневна соба (ж)	dnevna soba
bureau (m)	кабинет (м)	kabinet
antichambre (f)	предсобље (с)	predsoblje
salle (f) de bains	купатило (с)	kupatilo
toilettes (f pl)	тоалет (м)	toalet
plafond (m)	плафон (м)	plafon
plancher (m)	под (м)	pod
coin (m)	угао (м)	ugao

69. Les meubles. L'intérieur

meubles (m pl)	намештај (м)	nameštaj
table (f)	сто (м)	sto
chaise (f)	столица (ж)	stolica
lit (m)	кревет (м)	krevet
canapé (m)	диван (м)	divan
fauteuil (m)	фотеља (ж)	fotelja
bibliothèque (f) (meuble)	орман (м) за књиге	orman za knjige
rayon (m)	полица (ж)	polica
armoire (f)	орман (м)	orman
patère (f)	вешалица (ж)	vešalica
portemanteau (m)	чивилук (м)	čiviluk
commode (f)	комода (ж)	komoda
table (f) basse	клуб-сто (м)	klub-sto
miroir (m)	огледало (с)	ogledalo
tapis (m)	тепих (м)	tepih
petit tapis (m)	простирка (ж)	prostirka
cheminée (f)	камин (м)	kamin
bougie (f)	свећа (ж)	sveća
chandelier (m)	свећњак (м)	svećnjak
rideaux (m pl)	завесе (ж мн)	zavese

| papier (m) peint | тапете (ж мн) | tapete |
| jalousie (f) | ролетна (ж) | roletna |

lampe (f) de table	стона лампа (ж)	stona lampa
applique (f)	зидна лампа (ж)	zidna lampa
lampadaire (m)	подна лампа (ж)	podna lampa
lustre (m)	лустер (м)	luster

pied (m) (~ de la table)	нога (ж)	noga
accoudoir (m)	наслон (м) за руке	naslon za ruke
dossier (m)	наслон (м)	naslon
tiroir (m)	фиока (ж)	fioka

70. La literie

linge (m) de lit	постељина (ж)	posteljina
oreiller (m)	јастук (м)	jastuk
taie (f) d'oreiller	јастучница (ж)	jastučnica
couverture (f)	јорган (м)	jorgan
drap (m)	чаршав (м)	čaršav
couvre-lit (m)	покривач (м)	pokrivač

71. La cuisine

cuisine (f)	кухиња (ж)	kuhinja
gaz (m)	плин (м)	plin
cuisinière (f) à gaz	плински шпорет (м)	plinski šporet
cuisinière (f) électrique	електрички шпорет (м)	električki šporet
four (m)	рерна (ж)	rerna
four (m) micro-ondes	микроталасна рерна (ж)	mikrotalasna rerna

réfrigérateur (m)	фрижидер (м)	frižider
congélateur (m)	замрзивач (м)	zamrzivač
lave-vaisselle (m)	машина (ж) за прање судова	mašina za pranje sudova

hachoir (m) à viande	машина (ж) за млевење меса	mašina za mlevenje mesa
centrifugeuse (f)	соковник (м)	sokovnik
grille-pain (m)	тостер (м)	toster
batteur (m)	миксер (м)	mikser

machine (f) à café	аппарат (м) за кафу	apparat za kafu
cafetière (f)	лонче (с) за кафу	lonče za kafu
moulin (m) à café	апарат (м) за млевење кафе	aparat za mlevenje kafe
bouilloire (f)	кувало, чајник (м)	kuvalo, čajnik
théière (f)	чајник (м)	čajnik

couvercle (m)	поклопац (м)	poklopac
passoire (f) à thé	цедиљка (ж)	cediljka
cuillère (f)	кашика (ж)	kašika
petite cuillère (f)	кашичица (ж)	kašičica
cuillère (f) à soupe	супена кашика (ж)	supena kašika
fourchette (f)	виљушка (ж)	viljuška
couteau (m)	нож (м)	nož
vaisselle (f)	посуђе (с)	posuđe
assiette (f)	тањир (м)	tanjir
soucoupe (f)	тацна (ж)	tacna
verre (m) à shot	чашица (ж)	čašica
verre (m) (~ d'eau)	чаша (ж)	čaša
tasse (f)	шоља (ж)	šolja
sucrier (m)	шећерница (ж)	šećernica
salière (f)	сланик (м)	slanik
poivrière (f)	биберница (ж)	bibernica
beurrier (m)	посуда (ж) за маслац	posuda za maslac
casserole (f)	шерпа (ж)	šerpa
poêle (f)	тигањ (м)	tiganj
louche (f)	кутлача (ж)	kutlača
passoire (f)	цедиљка (ж)	cediljka
plateau (m)	послужавник (м)	poslužavnik
bouteille (f)	боца (ж), флаша (ж)	boca, flaša
bocal (m) (à conserves)	тегла (ж)	tegla
boîte (f) en fer-blanc	лименка, конзерва (ж)	limenka, konzerva
ouvre-bouteille (m)	отварач (м)	otvarač
ouvre-boîte (m)	отварач (м)	otvarač
tire-bouchon (m)	вадичеп (м)	vadičep
filtre (m)	филтар (м)	filtar
filtrer (vt)	филтровати	filtrovati
ordures (f pl)	отпаци (м мн), ђубре (с)	otpaci, đubre
poubelle (f)	канта (ж) за ђубре	kanta za đubre

72. La salle de bains

salle (f) de bains	купатило (с)	kupatilo
eau (f)	вода (ж)	voda
robinet (m)	славина (ж)	slavina
eau (f) chaude	топла вода (ж)	topla voda
eau (f) froide	хладна вода (ж)	hladna voda
dentifrice (m)	паста (ж) за зубе	pasta za zube
se brosser les dents	прати зубе	prati zube

brosse (f) à dents	четкица (ж) за зубе	četkica za zube
se raser (vp)	бријати се	brijati se
mousse (f) à raser	пена (ж) за бријање	pena za brijanje
rasoir (m)	бријач (м)	brijač
laver (vt)	прати	prati
se laver (vp)	купати се	kupati se
douche (f)	туш (м)	tuš
prendre une douche	туширати се	tuširati se
baignoire (f)	када (ж)	kada
cuvette (f)	WC шоља (ж)	WC šolja
lavabo (m)	лавабо (м)	lavabo
savon (m)	сапун (м)	sapun
porte-savon (m)	кутија (ж) за сапун	kutija za sapun
éponge (f)	сунђер (м)	sunđer
shampooing (m)	шампон (м)	šampon
serviette (f)	пешкир (м)	peškir
peignoir (m) de bain	баде мантил (м)	bade mantil
lessive (f) (faire la ~)	прање (с) веша	pranje veša
machine (f) à laver	веш-машина (ж)	veš-mašina
faire la lessive	прати веш	prati veš
lessive (f) (poudre)	прашак (м) за веш	prašak za veš

73. Les appareils électroménagers

téléviseur (m)	телевизор (м)	televizor
magnétophone (m)	касетофон (м)	kasetofon
magnétoscope (m)	видео рекордер (м)	video rekorder
radio (f)	радио (м)	radio
lecteur (m)	плејер (м)	plejer
vidéoprojecteur (m)	видео пројектор (м)	video projektor
home cinéma (m)	кућни биоскоп (м)	kućni bioskop
lecteur DVD (m)	ДВД плејер (м)	DVD plejer
amplificateur (m)	појачало (м)	pojačalo
console (f) de jeux	конзола (ж) за видео игрице	konzola za video igrice
caméscope (m)	видеокамера (ж)	videokamera
appareil (m) photo	фотоапарат (м)	fotoaparat
appareil (m) photo numérique	дигитални фотоапарат (м)	digitalni fotoaparat
aspirateur (m)	усисивач (м)	usisivač
fer (m) à repasser	пегла (ж)	pegla
planche (f) à repasser	даска (ж) за пеглање	daska za peglanje

téléphone (m)	**телефон** (м)	telefon
portable (m)	**мобилни телефон** (м)	mobilni telefon
machine (f) à écrire	**писаћа машина** (ж)	pisaća mašina
machine (f) à coudre	**шиваћа машина** (ж)	šivaća mašina
micro (m)	**микрофон** (м)	mikrofon
écouteurs (m pl)	**слушалице** (ж мн)	slušalice
télécommande (f)	**даљински управљач** (м)	daljinski upravljač
CD (m)	**ЦД, диск** (м)	CD, disk
cassette (f)	**касета** (ж)	kaseta
disque (m) (vinyle)	**плоча** (ж)	ploča

LA TERRE. LE TEMPS

T&P Books Publishing

cosmos (m)	свемир (м)	svemir
cosmique (adj)	космички	kosmički
espace (m) cosmique	свемирски простор (м)	svemirski prostor
monde (m)	свет (м)	svet
univers (m)	универзум (м)	univerzum
galaxie (f)	галаксија (ж)	galaksija
étoile (f)	звезда (ж)	zvezda
constellation (f)	сажвежђе (с)	sažvežđe
planète (f)	планета (ж)	planeta
satellite (m)	сателит (м)	satelit
météorite (m)	метеорит (м)	meteorit
comète (f)	комета (ж)	kometa
astéroïde (m)	астероид (м)	asteroid
orbite (f)	орбита (ж)	orbita
tourner (vi)	окретати се	okretati se
atmosphère (f)	атмосфера (ж)	atmosfera
Soleil (m)	сунце (с)	sunce
système (m) solaire	Сунчев систем (м)	Sunčev sistem
éclipse (f) de soleil	помрачење (с) сунца	pomračenje sunca
Terre (f)	Земља (ж)	Zemlja
Lune (f)	Месец (м)	Mesec
Mars (m)	Марс (м)	Mars
Vénus (f)	Венера (ж)	Venera
Jupiter (m)	Јупитер (м)	Jupiter
Saturne (m)	Сатурн (м)	Saturn
Mercure (m)	Меркур (м)	Merkur
Uranus (m)	Уран (м)	Uran
Neptune	Нептун (м)	Neptun
Pluton (m)	Плутон (м)	Pluton
la Voie Lactée	Млечни пут (м)	Mlečni put
la Grande Ours	Велики медвед (м)	Veliki medved
la Polaire	Северњача (ж)	Severnjača
martien (m)	марсовац (м)	marsovac
extraterrestre (m)	ванземаљац (м)	vanzemaljac
alien (m)	свемирац (м)	svemirac

soucoupe (f) volante	летећи тањир (м)	leteći tanjir
vaisseau (m) spatial	свемирски брод (м)	svemirski brod
station (f) orbitale	орбитна станица (ж)	orbitna stanica
lancement (m)	лансирање (с)	lansiranje
moteur (m)	мотор (м)	motor
tuyère (f)	млазница (ж)	mlaznica
carburant (m)	гориво (с)	gorivo
cabine (f)	кабина (ж)	kabina
antenne (f)	антена (ж)	antena
hublot (m)	бродски прозор (м)	brodski prozor
batterie (f) solaire	соларни панел (м)	solarni panel
scaphandre (m)	свемирско одело (с)	svemirsko odelo
apesanteur (f)	бестежинско стање (с)	bestežinsko stanje
oxygène (m)	кисеоник (м)	kiseonik
arrimage (m)	спајање, пристајање (с)	spajanje, pristajanje
s'arrimer à ...	спајати	spajati
observatoire (m)	опсерваторијум (м)	opservatorijum
télescope (m)	телескоп (м)	teleskop
observer (vt)	посматрати	posmatrati
explorer (un cosmos)	истраживати	istraživati

75. La Terre

Terre (f)	Земља (ж)	Zemlja
globe (m) terrestre	земљина кугла (ж)	zemljina kugla
planète (f)	планета (ж)	planeta
atmosphère (f)	атмосфера (ж)	atmosfera
géographie (f)	географија (ж)	geografija
nature (f)	природа (ж)	priroda
globe (m) de table	глобус (м)	globus
carte (f)	мапа (ж)	mapa
atlas (m)	атлас (м)	atlas
Europe (f)	Европа (ж)	Evropa
Asie (f)	Азија (ж)	Azija
Afrique (f)	Африка (ж)	Afrika
Australie (f)	Аустралија (ж)	Australija
Amérique (f)	Америка (ж)	Amerika
Amérique (f) du Nord	Северна Америка (ж)	Severna Amerika
Amérique (f) du Sud	Јужна Америка (ж)	Južna Amerika
l'Antarctique (m)	Антарктик (м)	Antarktik
l'Arctique (m)	Арктик (м)	Arktik

76. Les quatre parties du monde

nord (m)	север (м)	sever
vers le nord	према северу	prema severu
au nord	на северу	na severu
du nord (adj)	северни	severni
sud (m)	југ (м)	jug
vers le sud	према југу	prema jugu
au sud	на југу	na jugu
du sud (adj)	јужни	južni
ouest (m)	запад (м)	zapad
vers l'occident	према западу	prema zapadu
à l'occident	на западу	na zapadu
occidental (adj)	западни	zapadni
est (m)	исток (м)	istok
vers l'orient	према истоку	prema istoku
à l'orient	на истоку	na istoku
oriental (adj)	источни	istočni

77. Les océans et les mers

mer (f)	море (с)	more
océan (m)	океан (м)	okean
golfe (m)	залив (м)	zaliv
détroit (m)	мореуз (м)	moreuz
terre (f) ferme	копно (с)	kopno
continent (m)	континент (м)	kontinent
île (f)	острво (с)	ostrvo
presqu'île (f)	полуострво (с)	poluostrvo
archipel (m)	архипелаг (м)	arhipelag
baie (f)	залив (м)	zaliv
port (m)	лука (ж)	luka
lagune (f)	лагуна (ж)	laguna
cap (m)	рт (м)	rt
atoll (m)	атол (м)	atol
récif (m)	гребен (м)	greben
corail (m)	корал (м)	koral
récif (m) de corail	корални гребен (м)	koralni greben
profond (adj)	дубок	dubok
profondeur (f)	дубина (ж)	dubina
abîme (m)	бездан (м)	bezdan
fosse (f) océanique	ров (м)	rov

courant (m)	струја (ж)	struja
baigner (vt) (mer)	окруживати	okruživati
littoral (m)	обала (ж)	obala
côte (f)	приморје (с)	primorje
marée (f) haute	плима (ж)	plima
marée (f) basse	осека (ж)	oseka
banc (m) de sable	плићак (м)	plićak
fond (m)	дно (с)	dno
vague (f)	талас (м)	talas
crête (f) de la vague	гребен (м) таласа	greben talasa
mousse (f)	пена (ж)	pena
tempête (f) en mer	морска олуја (ж)	morska oluja
ouragan (m)	ураган (м)	uragan
tsunami (m)	цунами (м)	cunami
calme (m)	безветрица (ж)	bezvetrica
calme (tranquille)	миран	miran
pôle (m)	пол (м)	pol
polaire (adj)	поларни	polarni
latitude (f)	ширина (ж)	širina
longitude (f)	дужина (ж)	dužina
parallèle (f)	паралела (ж)	paralela
équateur (m)	екватор (м)	ekvator
ciel (m)	небо (с)	nebo
horizon (m)	хоризонт (м)	horizont
air (m)	ваздух (м)	vazduh
phare (m)	светионик (м)	svetionik
plonger (vi)	ронити	roniti
sombrer (vi)	потонути	potonuti
trésor (m)	благо (с)	blago

78. Les noms des mers et des océans

océan (m) Atlantique	Атлантски океан (м)	Atlantski okean
océan (m) Indien	Индијски океан (м)	Indijski okean
océan (m) Pacifique	Тихи океан (м)	Tihi okean
océan (m) Glacial	Северни Ледени океан (м)	Severni Ledeni okean
mer (f) Noire	Црно море (с)	Crno more
mer (f) Rouge	Црвено море (с)	Crveno more
mer (f) Jaune	Жуто море (с)	Žuto more
mer (f) Blanche	Бело море (с)	Belo more

mer (f) Caspienne	Каспијско море (c)	Kaspijsko more
mer (f) Morte	Мртво море (c)	Mrtvo more
mer (f) Méditerranée	Средоземно море (c)	Sredozemno more
mer (f) Égée	Егејско море (c)	Egejsko more
mer (f) Adriatique	Јадранско море (c)	Jadransko more
mer (f) Arabique	Арабијско море (c)	Arabijsko more
mer (f) du Japon	Јапанско море (c)	Japansko more
mer (f) de Béring	Берингово море (c)	Beringovo more
mer (f) de Chine Méridionale	Јужно кинеско море (c)	Južno kinesko more
mer (f) de Corail	Корално море (c)	Koralno more
mer (f) de Tasman	Тасманово море (c)	Tasmanovo more
mer (f) Caraïbe	Карипско море (c)	Karipsko more
mer (f) de Barents	Баренцово море (c)	Barencovo more
mer (f) de Kara	Карско море (c)	Karsko more
mer (f) du Nord	Северно море (c)	Severno more
mer (f) Baltique	Балтичко море (c)	Baltičko more
mer (f) de Norvège	Норвешко море (c)	Norveško more

79. Les montagnes

montagne (f)	планина (ж)	planina
chaîne (f) de montagnes	планински венац (м)	planinski venac
crête (f)	планински гребен (м)	planinski greben
sommet (m)	врх (м)	vrh
pic (m)	планиски врх (м)	planiski vrh
pied (m)	подножје (c)	podnožje
pente (f)	нагиб (м)	nagib
volcan (m)	вулкан (м)	vulkan
volcan (m) actif	активан вулкан (м)	aktivan vulkan
volcan (m) éteint	угашени вулкан (м)	ugašeni vulkan
éruption (f)	ерупција (ж)	erupcija
cratère (m)	кратер (м)	krater
magma (m)	магма (ж)	magma
lave (f)	лава (ж)	lava
en fusion (lave ~)	усијан	usijan
canyon (m)	кањон (м)	kanjon
défilé (m) (gorge)	клисура (ж)	klisura
crevasse (f)	пукотина (ж)	pukotina
précipice (m)	амбис (м), понор (м)	ambis, ponor
col (m) de montagne	превој (м)	prevoj

plateau (m)	**плато** (c)	plato
rocher (m)	**литица** (ж)	litica
colline (f)	**брег** (м)	breg
glacier (m)	**леденик** (м)	ledenik
chute (f) d'eau	**водопад** (м)	vodopad
geyser (m)	**гејзер** (м)	gejzer
lac (m)	**језеро** (c)	jezero
plaine (f)	**равница** (ж)	ravnica
paysage (m)	**пејзаж** (м)	pejzaž
écho (m)	**одјек** (м)	odjek
alpiniste (m)	**алпиниста** (м)	alpinista
varappeur (m)	**алпиниста** (м)	alpinista
conquérir (vt)	**освајати**	osvajati
ascension (f)	**пењање** (c)	penjanje

80. Les noms des chaînes de montagne

Alpes (f pl)	**Алпи** (м мн)	Alpi
Mont Blanc (m)	**Монблан** (м)	Monblan
Pyrénées (f pl)	**Пиринеји** (м мн)	Pirineji
Carpates (f pl)	**Карпати** (м мн)	Karpati
Monts Oural (m pl)	**Урал** (м)	Ural
Caucase (m)	**Кавказ** (м)	Kavkaz
Elbrous (m)	**Елбрус** (м)	Elbrus
Altaï (m)	**Алтај** (м)	Altaj
Tian Chan (m)	**Тјен Шан** (м)	Tjen Šan
Pamir (m)	**Памир** (м)	Pamir
Himalaya (m)	**Хималаји** (м мн)	Himalaji
Everest (m)	**Монт Еверест** (м)	Mont Everest
Andes (f pl)	**Анди** (м мн)	Andi
Kilimandjaro (m)	**Килиманџаро** (c)	Kilimandžaro

81. Les fleuves

rivière (f), fleuve (m)	**река** (ж)	reka
source (f)	**извор** (м)	izvor
lit (m) (d'une rivière)	**корито** (c)	korito
bassin (m)	**слив** (м)	sliv
se jeter dans …	**уливати се**	ulivati se
affluent (m)	**притока** (ж)	pritoka
rive (f)	**обала** (ж)	obala

courant (m)	ток (м)	tok
en aval	низводно	nizvodno
en amont	узводно	uzvodno
inondation (f)	поплава (ж)	poplava
les grandes crues	поводањ (м)	povodanj
déborder (vt)	изливати се	izlivati se
inonder (vt)	поплавити	poplaviti
bas-fond (m)	плићак (м)	plićak
rapide (m)	брзаци (м мн)	brzaci
barrage (m)	брана (ж)	brana
canal (m)	канал (м)	kanal
lac (m) de barrage	вештачко језеро (с)	veštačko jezero
écluse (f)	устава (ж)	ustava
plan (m) d'eau	резервоар (м)	rezervoar
marais (m)	мочвара (ж)	močvara
fondrière (f)	баруштина (ж)	baruština
tourbillon (m)	вртлог (м)	vrtlog
ruisseau (m)	поток (м)	potok
potable (adj)	питка	pitka
douce (l'eau ~)	слатка (вода)	slatka (voda)
glace (f)	лед (м)	led
être gelé	смрзнути се	smrznuti se

82. Les noms des fleuves

Seine (f)	Сена (ж)	Sena
Loire (f)	Лоара (ж)	Loara
Tamise (f)	Темза (ж)	Temza
Rhin (m)	Рајна (ж)	Rajna
Danube (m)	Дунав (м)	Dunav
Volga (f)	Волга (ж)	Volga
Don (m)	Дон (м)	Don
Lena (f)	Лена (ж)	Lena
Huang He (m)	Хуангхе (ж)	Huanghe
Yangzi Jiang (m)	Јангцекјанг (м)	Jangcekjang
Mékong (m)	Меконг (м)	Mekong
Gange (m)	Ганг (м)	Gang
Nil (m)	Нил (м)	Nil
Congo (m)	Конго (ж)	Kongo
Okavango (m)	Окаванго (ж)	Okavango

Zambèze (m)	Замбези (ж)	Zambezi
Limpopo (m)	Лимпопо (ж)	Limpopo
Mississippi (m)	Мисисипи (ж)	Misisipi

83. La forêt

forêt (f)	шума (ж)	šuma
forestier (adj)	шумски	šumski
fourré (m)	честар (м)	čestar
bosquet (m)	шумарак (м)	šumarak
clairière (f)	пропланак (м)	proplanak
broussailles (f pl)	шипраг (м)	šiprag
taillis (m)	шипражје (с)	šipražje
sentier (m)	стаза (ж)	staza
ravin (m)	јаруга (ж)	jaruga
arbre (m)	дрво (с)	drvo
feuille (f)	лист (м)	list
feuillage (m)	лишће (с)	lišće
chute (f) de feuilles	листопад (м)	listopad
tomber (feuilles)	опадати	opadati
sommet (m)	врх (м)	vrh
rameau (m)	грана (ж)	grana
branche (f)	чвор (м)	čvor
bourgeon (m)	пупољак (м)	pupoljak
aiguille (f)	иглица (ж)	iglica
pomme (f) de pin	шишарка (ж)	šišarka
creux (m)	дупља (ж)	duplja
nid (m)	гнездо (с)	gnezdo
terrier (m) (~ d'un renard)	јазбина (ж), рупа (ж)	jazbina, rupa
tronc (m)	стабло (с)	stablo
racine (f)	корен (м)	koren
écorce (f)	кора (ж)	kora
mousse (f)	маховина (ж)	mahovina
déraciner (vt)	крчити	krčiti
abattre (un arbre)	сећи	seći
déboiser (vt)	крчити шуму	krčiti šumu
souche (f)	пањ (м)	panj
feu (m) de bois	логорска ватра (ж)	logorska vatra
incendie (m)	шумски пожар (м)	šumski požar
éteindre (feu)	гасити	gasiti

garde (m) forestier	шумар (м)	šumar
protection (f)	заштита (ж)	zaštita
protéger (vt)	штитити	štititi
braconnier (m)	ловокрадица (м)	lovokradica
piège (m) à mâchoires	клопка (ж)	klopka
cueillir (vt)	брати	brati
s'égarer (vp)	залутати	zalutati

84. Les ressources naturelles

ressources (f pl) naturelles	природна богатства (с мн)	prirodna bogatstva
minéraux (m pl)	руде (с мн)	rude
gisement (m)	лежишта (с мн)	ležišta
champ (m) (~ pétrolifère)	налазиште (с)	nalazište
extraire (vt)	рударити	rudariti
extraction (f)	рударство (с)	rudarstvo
minerai (m)	руда (ж)	ruda
mine (f) (site)	рудник (м)	rudnik
puits (m) de mine	рударско окно (с)	rudarsko okno
mineur (m)	рудар (м)	rudar
gaz (m)	плин (м)	plin
gazoduc (m)	плиновод (м)	plinovod
pétrole (m)	нафта (ж)	nafta
pipeline (m)	нафтовод (м)	naftovod
tour (f) de forage	нафтна бушотина (ж)	naftna bušotina
derrick (m)	нафтна платформа (ж)	naftna platforma
pétrolier (m)	танкер (м)	tanker
sable (m)	песак (м)	pesak
calcaire (m)	кречњак (м)	krečnjak
gravier (m)	шљунак (м)	šljunak
tourbe (f)	тресет (м)	treset
argile (f)	глина (ж)	glina
charbon (m)	угаљ (м)	ugalj
fer (m)	гвожђе (с)	gvožđe
or (m)	злато (с)	zlato
argent (m)	сребро (с)	srebro
nickel (m)	никл (м)	nikl
cuivre (m)	бакар (м)	bakar
zinc (m)	цинк (м)	cink
manganèse (m)	манган (м)	mangan
mercure (m)	жива (ж)	živa
plomb (m)	олово (с)	olovo

minéral (m)	минерал (м)	mineral
cristal (m)	кристал (м)	kristal
marbre (m)	мермер (м)	mermer
uranium (m)	уран (м)	uran

85. Le temps

temps (m)	време (c)	vreme
météo (f)	временска прогноза (ж)	vremenska prognoza
température (f)	температура (ж)	temperatura
thermomètre (m)	термометар (м)	termometar
baromètre (m)	барометар (м)	barometar

humide (adj)	влажан	vlažan
humidité (f)	влажност (ж)	vlažnost
chaleur (f) (canicule)	врућина (ж)	vrućina
torride (adj)	врућ	vruć
il fait très chaud	вруће је	vruće je

il fait chaud	топло је	toplo je
chaud (modérément)	топао	topao
il fait froid	хладно је	hladno je
froid (adj)	хладан	hladan

soleil (m)	сунце (c)	sunce
briller (soleil)	сијати	sijati
ensoleillé (jour ~)	сунчан	sunčan
se lever (vp)	изаћи	izaći
se coucher (vp)	заћи	zaći

nuage (m)	облак (м)	oblak
nuageux (adj)	облачан	oblačan
nuée (f)	кишни облак (м)	kišni oblak
sombre (adj)	тмуран	tmuran

pluie (f)	киша (ж)	kiša
il pleut	пада киша	pada kiša
pluvieux (adj)	кишовит	kišovit
bruiner (v imp)	сипити	sipiti

pluie (f) torrentielle	јака киша (ж)	jaka kiša
averse (f)	пљусак (м)	pljusak
forte (la pluie ~)	јак	jak
flaque (f)	бара (ж)	bara
se faire mouiller	покиснути	pokisnuti

brouillard (m)	магла (ж)	magla
brumeux (adj)	магловит	maglovit
neige (f)	снег (м)	sneg
il neige	пада снег	pada sneg

86. Les intempéries. Les catastrophes naturelles

orage (m)	олуја (ж)	oluja
éclair (m)	муња (ж)	munja
éclater (foudre)	севати	sevati
tonnerre (m)	гром (м)	grom
gronder (tonnerre)	грмети	grmeti
le tonnerre gronde	грми	grmi
grêle (f)	град (м)	grad
il grêle	пада град	pada grad
inonder (vt)	поплавити	poplaviti
inondation (f)	поплава (ж)	poplava
tremblement (m) de terre	земљотрес (м)	zemljotres
secousse (f)	потрес (м)	potres
épicentre (m)	епицентар (м)	epicentar
éruption (f)	ерупција (ж)	erupcija
lave (f)	лава (ж)	lava
tourbillon (m)	пијавица (ж)	pijavica
tornade (f)	торнадо (м)	tornado
typhon (m)	тајфун (м)	tajfun
ouragan (m)	ураган (м)	uragan
tempête (f)	олуја (ж)	oluja
tsunami (m)	цунами (м)	cunami
cyclone (m)	циклон (м)	ciklon
intempéries (f pl)	невреме (с)	nevreme
incendie (m)	пожар (м)	požar
catastrophe (f)	катастрофа (ж)	katastrofa
météorite (m)	метеорит (м)	meteorit
avalanche (f)	лавина (ж)	lavina
éboulement (m)	усов (м)	usov
blizzard (m)	мећава (ж)	mećava
tempête (f) de neige	вејавица (ж)	vejavica

T&P BOOKS

LA FAUNE

T&P Books Publishing

87. Les mammifères. Les prédateurs

prédateur (m)	грабљивац (м)	grabljivac
tigre (m)	тигар (м)	tigar
lion (m)	лав (м)	lav
loup (m)	вук (м)	vuk
renard (m)	лисица (ж)	lisica
jaguar (m)	јагуар (м)	jaguar
léopard (m)	леопард (м)	leopard
guépard (m)	гепард (м)	gepard
panthère (f)	пантер (м)	panter
puma (m)	пума (ж)	puma
léopard (m) de neiges	снежни леопард (м)	snežni leopard
lynx (m)	рис (м)	ris
coyote (m)	којот (м)	kojot
chacal (m)	шакал (м)	šakal
hyène (f)	хијена (ж)	hijena

88. Les animaux sauvages

animal (m)	животиња (ж)	životinja
bête (f)	зверка (ж)	zverka
écureuil (m)	веверица (ж)	veverica
hérisson (m)	јеж (м)	jež
lièvre (m)	зец (м)	zec
lapin (m)	кунић (м)	kunić
blaireau (m)	јазавац (м)	jazavac
raton (m)	ракун (м)	rakun
hamster (m)	хрчак (м)	hrčak
marmotte (f)	мрмот (м)	mrmot
taupe (f)	кртица (ж)	krtica
souris (f)	миш (м)	miš
rat (m)	пацов (м)	pacov
chauve-souris (f)	слепи миш (м)	slepi miš
hermine (f)	хермелин (м)	hermelin
zibeline (f)	самур (м)	samur
martre (f)	куна (ж)	kuna

belette (f)	ласица (ж)	lasica
vison (m)	нерц (м)	nerc
castor (m)	дабар (м)	dabar
loutre (f)	видра (ж)	vidra
cheval (m)	коњ (м)	konj
élan (m)	лос (м)	los
cerf (m)	јелен (м)	jelen
chameau (m)	камила (ж)	kamila
bison (m)	бизон (м)	bizon
aurochs (m)	зубар (м)	zubar
buffle (m)	бивол (м)	bivol
zèbre (m)	зебра (ж)	zebra
antilope (f)	антилопа (ж)	antilopa
chevreuil (m)	срна (ж)	srna
biche (f)	јелен лопатар (м)	jelen lopatar
chamois (m)	дивокоза (ж)	divokoza
sanglier (m)	дивља свиња (ж), вепар (м)	divlja svinja, vepar
baleine (f)	кит (м)	kit
phoque (m)	фока (ж)	foka
morse (m)	морж (м)	morž
ours (m) de mer	северна фока (ж)	severna foka
dauphin (m)	делфин (м)	delfin
ours (m)	медвед (м)	medved
ours (m) blanc	бели медвед (м)	beli medved
panda (m)	панда (ж)	panda
singe (m)	мајмун (м)	majmun
chimpanzé (m)	шимпанза (ж)	šimpanza
orang-outang (m)	орангутан (м)	orangutan
gorille (m)	горила (ж)	gorila
macaque (m)	макаки (м)	makaki
gibbon (m)	гибон (м)	gibon
éléphant (m)	слон (м)	slon
rhinocéros (m)	носорог (м)	nosorog
girafe (f)	жирафа (ж)	žirafa
hippopotame (m)	нилски коњ (м)	nilski konj
kangourou (m)	кенгур (м)	kengur
koala (m)	коала (ж)	koala
mangouste (f)	мунгос (м)	mungos
chinchilla (m)	чинчила (ж)	činčila
mouffette (f)	твор (м)	tvor
porc-épic (m)	дикобраз (м)	dikobraz

89. Les animaux domestiques

chat (m) (femelle)	мачка (ж)	mačka
chat (m) (mâle)	мачак (м)	mačak
chien (m)	пас (м)	pas
cheval (m)	коњ (м)	konj
étalon (m)	ждребац (м)	ždrebac
jument (f)	кобила (ж)	kobila
vache (f)	крава (ж)	krava
taureau (m)	бик (м)	bik
bœuf (m)	во (м)	vo
brebis (f)	овца (ж)	ovca
mouton (m)	ован (м)	ovan
chèvre (f)	коза (ж)	koza
bouc (m)	јарац (м)	jarac
âne (m)	магарац (м)	magarac
mulet (m)	мазга (ж)	mazga
cochon (m)	свиња (ж)	svinja
pourceau (m)	прасе (с)	prase
lapin (m)	кунић, домаћи зец (м)	kunić, domaći zec
poule (f)	кокош (ж)	kokoš
coq (m)	певац (м)	pevac
canard (m)	патка (ж)	patka
canard (m) mâle	патак (м)	patak
oie (f)	гуска (ж)	guska
dindon (m)	ћуран (м)	ćuran
dinde (f)	ћурка (ж)	ćurka
animaux (m pl) domestiques	домаће животиње (ж мн)	domaće životinje
apprivoisé (adj)	питом	pitom
apprivoiser (vt)	припитомљавати	pripitomljavati
élever (vt)	узгајати	uzgajati
ferme (f)	фарма (ж)	farma
volaille (f)	живина (ж)	živina
bétail (m)	стока (ж)	stoka
troupeau (m)	стадо (с)	stado
écurie (f)	штала (ж)	štala
porcherie (f)	свињац (м)	svinjac
vacherie (f)	стаја (ж)	staja
cabane (f) à lapins	зечињак (м)	zečinjak
poulailler (m)	кокошињац (м)	kokošinjac

90. Les oiseaux

oiseau (m)	птица (ж)	ptica
pigeon (m)	голуб (м)	golub
moineau (m)	врабац (м)	vrabac
mésange (f)	сеница (ж)	senica
pie (f)	сврака (ж)	svraka
corbeau (m)	гавран (м)	gavran
corneille (f)	врана (ж)	vrana
choucas (m)	чавка (ж)	čavka
freux (m)	гачац (м)	gačac
canard (m)	патка (ж)	patka
oie (f)	гуска (ж)	guska
faisan (m)	фазан (м)	fazan
aigle (m)	орао (м)	orao
épervier (m)	јастреб (м)	jastreb
faucon (m)	соко (м)	soko
vautour (m)	суп (м)	sup
condor (m)	кондор (м)	kondor
cygne (m)	лабуд (м)	labud
grue (f)	ждрал (м)	ždral
cigogne (f)	рода (ж)	roda
perroquet (m)	папагај (м)	papagaj
colibri (m)	колибри (ж)	kolibri
paon (m)	паун (м)	paun
autruche (f)	нoj (м)	noj
héron (m)	чапља (ж)	čaplja
flamant (m)	фламинго (м)	flamingo
pélican (m)	пеликан (м)	pelikan
rossignol (m)	славуј (м)	slavuj
hirondelle (f)	ластавица (ж)	lastavica
merle (m)	дрозд (м)	drozd
grive (f)	дрозд певач (м)	drozd pevač
merle (m) noir	кос (м)	kos
martinet (m)	брегуница (ж)	bregunica
alouette (f) des champs	шева (ж)	ševa
caille (f)	препелица (ж)	prepelica
pivert (m)	детлић (м)	detlić
coucou (m)	кукавица (ж)	kukavica
chouette (f)	сова (ж)	sova
hibou (m)	совуљага (ж)	sovuljaga

tétras (m)	велики тетреб (м)	veliki tetreb
tétras-lyre (m)	мали тетреб (м)	mali tetreb
perdrix (f)	јаребица (ж)	jarebica

étourneau (m)	чворак (м)	čvorak
canari (m)	канаринац (м)	kanarinac
gélinotte (f) des bois	лештарка (ж)	leštarka
pinson (m)	зеба (ж)	zeba
bouvreuil (m)	зимовка (ж)	zimovka

mouette (f)	галеб (м)	galeb
albatros (m)	албатрос (м)	albatros
pingouin (m)	пингвин (м)	pingvin

91. Les poissons. Les animaux marins

brème (f)	деверика (ж)	deverika
carpe (f)	шаран (м)	šaran
perche (f)	гргеч (м)	grgeč
silure (m)	сом (м)	som
brochet (m)	штука (ж)	štuka

| saumon (m) | лосос (м) | losos |
| esturgeon (m) | јесетра (ж) | jesetra |

hareng (m)	харинга (ж)	haringa
saumon (m) atlantique	атлантски лосос (м)	atlantski losos
maquereau (m)	скуша (ж)	skuša
flet (m)	риба-лист (ж)	riba-list

sandre (f)	смуђ (м)	smuđ
morue (f)	бакалар (м)	bakalar
thon (m)	туњ (м)	tunj
truite (f)	пастрмка (ж)	pastrmka

anguille (f)	јегуља (ж)	jegulja
torpille (f)	трновка (ж)	trnovka
murène (f)	мурина (ж)	murina
piranha (m)	пирана (ж)	pirana

requin (m)	ајкула (ж)	ajkula
dauphin (m)	делфин (м)	delfin
baleine (f)	кит (м)	kit

crabe (m)	морски рак (м)	morski rak
méduse (f)	медуза (ж)	meduza
pieuvre (f), poulpe (m)	хоботница (ж)	hobotnica

| étoile (f) de mer | морска звезда (ж) | morska zvezda |
| oursin (m) | морски јеж (м) | morski jež |

hippocampe (m)	морски коњић (м)	morski konjić
huître (f)	острига (ж)	ostriga
crevette (f)	морски рачић (м)	morski račić
homard (m)	хлап (м)	hlap
langoustine (f)	лангуст, јастог (м)	langust, jastog

92. Les amphibiens. Les reptiles

| serpent (m) | змија (ж) | zmija |
| venimeux (adj) | отрован | otrovan |

vipère (f)	поскок (м)	poskok
cobra (m)	кобра (ж)	kobra
python (m)	питон (м)	piton
boa (m)	удав (м)	udav

couleuvre (f)	белоушка (ж)	belouška
serpent (m) à sonnettes	звечарка (ж)	zvečarka
anaconda (m)	анаконда (ж)	anakonda

lézard (m)	гуштер (м)	gušter
iguane (m)	игуана (ж)	iguana
varan (m)	варан (м)	varan
salamandre (f)	даждевњак (м)	daždevnjak
caméléon (m)	камелеон (м)	kameleon
scorpion (m)	шкорпија (ж)	škorpija

tortue (f)	корњача (ж)	kornjača
grenouille (f)	жаба (ж)	žaba
crapaud (m)	крастача (ж)	krastača
crocodile (m)	крокодил (м)	krokodil

93. Les insectes

insecte (m)	инсект (м)	insekt
papillon (m)	лептир (м)	leptir
fourmi (f)	мрав (м)	mrav
mouche (f)	мува (ж)	muva
moustique (m)	комарац (м)	komarac
scarabée (m)	буба (ж)	buba

guêpe (f)	оса (ж)	osa
abeille (f)	пчела (ж)	pčela
bourdon (m)	бумбар (м)	bumbar
œstre (m)	обад (м)	obad

| araignée (f) | паук (м) | pauk |
| toile (f) d'araignée | паучина (ж) | paučina |

libellule (f)	**вилин коњиц** (м)	vilin konjic
sauterelle (f)	**скакавац** (м)	skakavac
papillon (m)	**лептирица** (ж)	leptirica
cafard (m)	**бубашваба** (ж)	bubašvaba
tique (f)	**крпељ** (м)	krpelj
puce (f)	**бува** (ж)	buva
moucheron (m)	**мушица** (ж)	mušica
criquet (m)	**миграторни скакавац** (м)	migratorni skakavac
escargot (m)	**пуж** (м)	puž
grillon (m)	**цврчак** (м)	cvrčak
luciole (f)	**свитац** (м)	svitac
coccinelle (f)	**бубамара** (ж)	bubamara
hanneton (m)	**гундељ** (м)	gundelj
sangsue (f)	**пијавица** (ж)	pijavica
chenille (f)	**гусеница** (ж)	gusenica
ver (m)	**црв** (м)	crv
larve (f)	**ларва** (ж)	larva

LA FLORE

T&P Books Publishing

arbre (m)	дрво (с)	drvo
à feuilles caduques	листопадно	listopadno
conifère (adj)	четинарско	četinarsko
à feuilles persistantes	зимзелено	zimzeleno
pommier (m)	јабука (ж)	jabuka
poirier (m)	крушка (ж)	kruška
merisier (m)	трешња (ж)	trešnja
cerisier (m)	вишња (ж)	višnja
prunier (m)	шљива (ж)	šljiva
bouleau (m)	бреза (ж)	breza
chêne (m)	храст (м)	hrast
tilleul (m)	липа (ж)	lipa
tremble (m)	јасика (ж)	jasika
érable (m)	јавор (м)	javor
épicéa (m)	јела (ж)	jela
pin (m)	бор (м)	bor
mélèze (m)	ариш (м)	ariš
sapin (m)	јела (ж)	jela
cèdre (m)	кедар (м)	kedar
peuplier (m)	топола (ж)	topola
sorbier (m)	оскоруша (ж)	oskoruša
saule (m)	врба (ж)	vrba
aune (m)	јова (ж)	jova
hêtre (m)	буква (ж)	bukva
orme (m)	брест (м)	brest
frêne (m)	јасен (м)	jasen
marronnier (m)	кестен (м)	kesten
magnolia (m)	магнолија (ж)	magnolija
palmier (m)	палма (ж)	palma
cyprès (m)	чемпрес (м)	čempres
palétuvier (m)	мангров (м)	mangrov
baobab (m)	баобаб (м)	baobab
eucalyptus (m)	еукалиптус (м)	eukaliptus
séquoia (m)	секвоја (ж)	sekvoja

95. Les arbustes

buisson (m)	грм (м)	grm
arbrisseau (m)	жбун (м)	žbun
vigne (f)	винова лоза (ж)	vinova loza
vigne (f) (vignoble)	виноград (м)	vinograd
framboise (f)	малина (ж)	malina
cassis (m)	црна рибизла (ж)	crna ribizla
groseille (f) rouge	црвена рибизла (ж)	crvena ribizla
groseille (f) verte	огрозд (м)	ogrozd
acacia (m)	багрем (м)	bagrem
berbéris (m)	жутика, шимширика (ж)	žutika, šimširika
jasmin (m)	јасмин (м)	jasmin
genévrier (m)	клека (ж)	kleka
rosier (m)	ружа (ж)	ruža
églantier (m)	шипак (м)	šipak

96. Les fruits. Les baies

fruit (m)	воћка (ж)	voćka
fruits (m pl)	воће (с мн)	voće
pomme (f)	јабука (ж)	jabuka
poire (f)	крушка (ж)	kruška
prune (f)	шљива (ж)	šljiva
fraise (f)	јагода (ж)	jagoda
cerise (f)	вишња (ж)	višnja
merise (f)	трешња (ж)	trešnja
raisin (m)	грожђе (с)	grožđe
framboise (f)	малина (ж)	malina
cassis (m)	црна рибизла (ж)	crna ribizla
groseille (f) rouge	црвена рибизла (ж)	crvena ribizla
groseille (f) verte	огрозд (м)	ogrozd
canneberge (f)	маховница (ж)	mahovnica
orange (f)	поморанџа (ж)	pomorandža
mandarine (f)	мандарина (ж)	mandarina
ananas (m)	ананас (м)	ananas
banane (f)	банана (ж)	banana
datte (f)	урма (ж)	urma
citron (m)	лимун (м)	limun
abricot (m)	кајсија (ж)	kajsija
pêche (f)	бресква (ж)	breskva

| kiwi (m) | киви (м) | kivi |
| pamplemousse (m) | грејпфрут (м) | grejpfrut |

baie (f)	бобица (ж)	bobica
baies (f pl)	бобице (ж мн)	bobice
airelle (f) rouge	брусница (ж)	brusnica
fraise (f) des bois	шумска јагода (ж)	šumska jagoda
myrtille (f)	боровница (ж)	borovnica

97. Les fleurs. Les plantes

| fleur (f) | цвет (м) | cvet |
| bouquet (m) | букет (ж) | buket |

rose (f)	ружа (ж)	ruža
tulipe (f)	лала (ж), тулипан (м)	lala, tulipan
oeillet (m)	каранфил (м)	karanfil
glaïeul (m)	гладиола (ж)	gladiola

bleuet (m)	различак (м)	različak
campanule (f)	звонце (с)	zvonce
dent-de-lion (f)	маслачак (м)	maslačak
marguerite (f)	камилица (ж)	kamilica

aloès (m)	алоја (ж)	aloja
cactus (m)	кактус (м)	kaktus
ficus (m)	фикус (м)	fikus

lis (m)	љиљан (м)	ljiljan
géranium (m)	здравац (м)	zdravac
jacinthe (f)	зумбул (м)	zumbul

mimosa (m)	мимоза (ж)	mimoza
jonquille (f)	нарцис (м)	narcis
capucine (f)	драгољуб (м)	dragoljub

orchidée (f)	орхидеја (ж)	orhideja
pivoine (f)	божур (м)	božur
violette (f)	љубичица (ж)	ljubičica

pensée (f)	дан и ноћ (м)	dan i noć
myosotis (m)	споменак (м)	spomenak
pâquerette (f)	бела рада (ж), красуљак (м)	bela rada, krasuljak

coquelicot (m)	мак (м)	mak
chanvre (m)	конопља (ж)	konoplja
menthe (f)	нана (ж), метвица (ж)	nana, metvica
muguet (m)	ђурђевак (м)	đurđevak
perce-neige (f)	висибаба (ж)	visibaba

ortie (f)	коприва (ж)	kopriva
oseille (f)	кисељак (м)	kiseljak
nénuphar (m)	локвањ (м)	lokvanj
fougère (f)	папрат (м)	paprat
lichen (m)	лишај (м)	lišaj
serre (f) tropicale	стаклена башта (ж)	staklena bašta
gazon (m)	травњак (м)	travnjak
parterre (m) de fleurs	цветна леја (ж)	cvetna leja
plante (f)	биљка (ж)	biljka
herbe (f)	трава (ж)	trava
brin (m) d'herbe	травчица (ж)	travčica
feuille (f)	лист (м)	list
pétale (m)	латица (ж)	latica
tige (f)	стабло (с)	stablo
tubercule (m)	кртола (ж)	krtola
pousse (f)	изданак (м)	izdanak
épine (f)	трн (м)	trn
fleurir (vi)	цветати	cvetati
se faner (vp)	венути	venuti
odeur (f)	мирис (м)	miris
couper (vt)	одсећи	odseći
cueillir (fleurs)	убрати	ubrati

98. Les céréales

grains (m pl)	зрно (с)	zrno
céréales (f pl) (plantes)	житарице (ж мн)	žitarice
épi (m)	клас (м)	klas
blé (m)	пшеница (ж)	pšenica
seigle (m)	раж (ж)	raž
avoine (f)	овас (м)	ovas
millet (m)	просо (с)	proso
orge (f)	јечам (м)	ječam
maïs (m)	кукуруз (м)	kukuruz
riz (m)	пиринач (м)	pirinač
sarrasin (m)	хељда (ж)	heljda
pois (m)	грашак (м)	grašak
haricot (m)	пасуљ (м)	pasulj
soja (m)	соја (ж)	soja
lentille (f)	сочиво (с)	sočivo
fèves (f pl)	махунарке (ж мн)	mahunarke

T&P BOOKS

LES PAYS DU MONDE

T&P Books Publishing

Afghanistan (m)	**Авганистан** (м)	Avganistan
Albanie (f)	**Албанија** (ж)	Albanija
Allemagne (f)	**Немачка** (ж)	Nemačka
Angleterre (f)	**Енглеска** (ж)	Engleska
Arabie (f) Saoudite	**Саудијска Арабија** (ж)	Saudijska Arabija
Argentine (f)	**Аргентина** (ж)	Argentina
Arménie (f)	**Јерменија** (ж)	Jermenija
Australie (f)	**Аустралија** (ж)	Australija
Autriche (f)	**Аустрија** (ж)	Austrija
Azerbaïdjan (m)	**Азербејџан** (м)	Azerbejdžan
Bahamas (f pl)	**Бахами** (с мн)	Bahami
Bangladesh (m)	**Бангладеш** (м)	Bangladeš
Belgique (f)	**Белгија** (ж)	Belgija
Biélorussie (f)	**Белорусија** (ж)	Belorusija
Bolivie (f)	**Боливија** (ж)	Bolivija
Bosnie (f)	**Босна и Херцеговина** (ж)	Bosna i Hercegovina
Brésil (m)	**Бразил** (м)	Brazil
Bulgarie (f)	**Бугарска** (ж)	Bugarska
Cambodge (m)	**Камбоџа** (ж)	Kambodža
Canada (m)	**Канада** (ж)	Kanada
Chili (m)	**Чиле** (м)	Čile
Chine (f)	**Кина** (ж)	Kina
Chypre (m)	**Кипар** (м)	Kipar
Colombie (f)	**Колумбија** (ж)	Kolumbija
Corée (f) du Nord	**Северна Кореја** (ж)	Severna Koreja
Corée (f) du Sud	**Јужна Кореја** (ж)	Južna Koreja
Croatie (f)	**Хрвастка** (ж)	Hrvastka
Cuba (f)	**Куба** (ж)	Kuba
Danemark (m)	**Данска** (ж)	Danska
Écosse (f)	**Шкотска** (ж)	Škotska
Égypte (f)	**Египат** (м)	Egipat
Équateur (m)	**Еквадор** (м)	Ekvador
Espagne (f)	**Шпанија** (ж)	Španija
Estonie (f)	**Естонија** (ж)	Estonija
Les États Unis	**Сједињене Америчке Државе** (ж мн)	Sjedinjene Američke Države
Fédération (f) des Émirats Arabes Unis	**Уједињени Арапски Емирати** (м мн)	Ujedinjeni Arapski Emirati
Finlande (f)	**Финска** (ж)	Finska
France (f)	**Француска** (ж)	Francuska

Géorgie (f)	Грузија (ж)	Gruzija
Ghana (m)	Гана (ж)	Gana
Grande-Bretagne (f)	Велика Британија (ж)	Velika Britanija
Grèce (f)	Грчка (ж)	Grčka

100. Les pays du monde. Partie 2

Haïti (m)	Хаити (м)	Haiti
Hongrie (f)	Мађарска (ж)	Mađarska
Inde (f)	Индија (ж)	Indija
Indonésie (f)	Индонезија (ж)	Indonezija
Iran (m)	Иран (м)	Iran
Iraq (m)	Ирак (м)	Irak
Irlande (f)	Ирска (ж)	Irska
Islande (f)	Исланд (м)	Island
Israël (m)	Израел (м)	Izrael
Italie (f)	Италија (ж)	Italija
Jamaïque (f)	Јамајка (ж)	Jamajka
Japon (m)	Јапан (м)	Japan
Jordanie (f)	Јордан (м)	Jordan
Kazakhstan (m)	Казахстан (м)	Kazahstan
Kenya (m)	Кенија (ж)	Kenija
Kirghizistan (m)	Киргистан (м)	Kirgistan
Koweït (m)	Кувајт (м)	Kuvajt
Laos (m)	Лаос (м)	Laos
Lettonie (f)	Летонија (ж)	Letonija
Liban (m)	Либан (м)	Liban
Libye (f)	Либија (ж)	Libija
Liechtenstein (m)	Лихтенштајн (м)	Lihtenštajn
Lituanie (f)	Литванија (ж)	Litvanija
Luxembourg (m)	Луксембург (м)	Luksemburg
Macédoine (f)	Македонија (ж)	Makedonija
Madagascar (f)	Мадагаскар (м)	Madagaskar
Malaisie (f)	Малејзија (ж)	Malejzija
Malte (f)	Малта (ж)	Malta
Maroc (m)	Мароко (м)	Maroko
Mexique (m)	Мексико (м)	Meksiko
Moldavie (f)	Молдавија (ж)	Moldavija
Monaco (m)	Монако (м)	Monako
Mongolie (f)	Монголија (ж)	Mongolija
Monténégro (m)	Црна Гора (ж)	Crna Gora
Myanmar (m)	Мијанмар (м)	Mijanmar
Namibie (f)	Намибија (ж)	Namibija
Népal (m)	Непал (м)	Nepal
Norvège (f)	Норвешка (ж)	Norveška

Nouvelle Zélande (f)	Нови Зеланд (м)	Novi Zeland
Ouzbékistan (m)	Узбекистан (м)	Uzbekistan

101. Les pays du monde. Partie 3

Pakistan (m)	Пакистан (м)	Pakistan
Palestine (f)	Палестина (ж)	Palestina
Panamá (m)	Панама (ж)	Panama
Paraguay (m)	Парагвај (м)	Paragvaj
Pays-Bas (m)	Холандија (ж)	Holandija
Pérou (m)	Перу (м)	Peru
Pologne (f)	Пољска (ж)	Poljska
Polynésie (f) Française	Француска Полинезија (ж)	Francuska Polinezija
Portugal (m)	Португалија (ж)	Portugalija
République (f) Dominicaine	Доминиканска република (ж)	Dominikanska republika
République (f) Sud-africaine	Јужноафричка република (ж)	Južnoafrička republika
République (f) Tchèque	Чешка република (ж)	Češka republika
Roumanie (f)	Румунија (ж)	Rumunija
Russie (f)	Русија (ж)	Rusija
Sénégal (m)	Сенегал (м)	Senegal
Serbie (f)	Србија (ж)	Srbija
Slovaquie (f)	Словачка (ж)	Slovačka
Slovénie (f)	Словенија (ж)	Slovenija
Suède (f)	Шведска (ж)	Švedska
Suisse (f)	Швајцарска (ж)	Švajcarska
Surinam (m)	Суринам (м)	Surinam
Syrie (f)	Сирија (ж)	Sirija
Tadjikistan (m)	Таџикистан (м)	Tadžikistan
Taïwan (m)	Тајван (м)	Tajvan
Tanzanie (f)	Танзанија (ж)	Tanzanija
Tasmanie (f)	Тасманија (ж)	Tasmanija
Thaïlande (f)	Тајланд (м)	Tajland
Tunisie (f)	Тунис (м)	Tunis
Turkménistan (m)	Туркменистан (м)	Turkmenistan
Turquie (f)	Турска (ж)	Turska
Ukraine (f)	Украјина (ж)	Ukrajina
Uruguay (m)	Уругвај (м)	Urugvaj
Vatican (m)	Ватикан (м)	Vatikan
Venezuela (f)	Венецуела (ж)	Venecuela
Vietnam (m)	Вијетнам (м)	Vijetnam
Zanzibar (m)	Занзибар (м)	Zanzibar

GLOSSAIRE
GASTRONOMIQUE

Cette section contient
beaucoup de mots associés
à la nourriture. Ce dictionnaire
vous facilitera la tâche
de comprendre le menu
et de commander le bon plat
au restaurant

T&P Books Publishing

épi (m)	клас (м)	klas
épice (f)	зачин (м)	začin
épinard (m)	спанаћ (м)	spanać
œuf (m)	jaje (c)	jaje
abricot (m)	кајсија (ж)	kajsija
addition (f)	рачун (м)	račun
ail (m)	бели лук, чешњак (м)	beli luk, češnjak
airelle (f) rouge	брусница (ж)	brusnica
amande (f)	бадем (м)	badem
amanite (f) tue-mouches	мухомор (м)	muhomor
amer (adj)	горак	gorak
ananas (m)	ананас (м)	ananas
anguille (f)	јегуља (ж)	jegulja
anis (m)	анис (м)	anis
apéritif (m)	аперитив (м)	aperitiv
appétit (m)	апетит (м)	apetit
arrière-goût (m)	паукус (м)	paukus
artichaut (m)	артичока (ж)	artičoka
asperge (f)	шпаргла (ж)	špargla
assiette (f)	тањир (м)	tanjir
aubergine (f)	плави патлиџан (м)	plavi patlidžan
avec de la glace	са ледом	sa ledom
avocat (m)	авокадо (м)	avokado
avoine (f)	овас (м)	ovas
bacon (m)	сланина (ж)	slanina
baie (f)	бобица (ж)	bobica
baies (f pl)	бобице (ж мн)	bobice
banane (f)	банана (ж)	banana
bar (m)	бар (м)	bar
barman (m)	бармен (м)	barmen
basilic (m)	босиљак (м)	bosiljak
betterave (f)	цвекла (ж)	cvekla
beurre (m)	маслац (м)	maslac
bière (f)	пиво (с)	pivo
bière (f) blonde	светло пиво (с)	svetlo pivo
bière (f) brune	тамно пиво (с)	tamno pivo
biscuit (m)	бисквити (м мн)	biskviti
blé (m)	пшеница (ж)	pšenica
blanc (m) d'œuf	беланце (с)	belance
boisson (f) non alcoolisée	безалкохолано пиће (с)	bezalkoholno piće
boissons (f pl) alcoolisées	алкохолно пиће (с)	alkoholno piće
bolet (m) bai	брезов дед (м)	brezov ded

bolet (m) orangé	јасикин турчин (м)	jasikin turčin
bon (adj)	укусан	ukusan
Bon appétit!	Пријатно!	Prijatno!
bonbon (m)	бомбона (ж)	bombona
bouillie (f)	каша (ж)	kaša
bouillon (m)	буљон (м)	buljon
brème (f)	деверика (ж)	deverika
brochet (m)	штука (ж)	štuka
brocoli (m)	броколи (м)	brokoli
cèpe (m)	вргањ (м)	vrganj
céleri (m)	целер (м)	celer
céréales (f pl)	житарице (ж мн)	žitarice
cacahuète (f)	кикирики (м)	kikiriki
café (m)	кафа (ж)	kafa
café (m) au lait	кафа (ж) са млеком	kafa sa mlekom
café (m) noir	црна кафа (ж)	crna kafa
café (m) soluble	инстант кафа (ж)	instant kafa
calamar (m)	лигња (ж)	lignja
calorie (f)	калорија (ж)	kalorija
canard (m)	патка (ж)	patka
canneberge (f)	маховница (ж)	mahovnica
cannelle (f)	цимет (м)	cimet
cappuccino (m)	капућино (м)	kapućino
carotte (f)	шаргарепа (ж)	šargarepa
carpe (f)	шаран (м)	šaran
carte (f)	јеловник (м)	jelovnik
carte (f) des vins	винска карта (ж)	vinska karta
cassis (m)	црна рибизла (ж)	crna ribizla
caviar (m)	кавијар (м)	kavijar
cerise (f)	вишња (ж)	višnja
champagne (m)	шампањац (м)	šampanjac
champignon (m)	гљива, печурка (ж)	gljiva, pečurka
champignon (m) comestible	јестива печурка (ж)	jestiva pečurka
champignon (m) vénéneux	отровна печурка (ж)	otrovna pečurka
chaud (adj)	врућ	vruć
chocolat (m)	чоколада (ж)	čokolada
chou (m)	купус (м)	kupus
chou (m) de Bruxelles	прокељ (м)	prokelj
chou-fleur (m)	карфиол (м)	karfiol
citron (m)	лимун (м)	limun
clou (m) de girofle	каранфил (м)	karanfil
cocktail (m)	коктел (м)	koktel
cocktail (m) au lait	милкшејк (м)	milkšejk
cognac (m)	коњак (м)	konjak
concombre (m)	краставац (м)	krastavac
condiment (m)	додатак, зачин (м)	dodatak, začin
confiserie (f)	посластичарски производи (м мн)	poslastičarski proizvodi
confiture (f)	џем (м)	džem
confiture (f)	слатко (с)	slatko

congelé (adj)	замрзнут	zamrznut
conserves (f pl)	конзервирана храна (ж)	konzervirana hrana
coriandre (m)	кориандер (м)	koriander
courgette (f)	тиквица (ж)	tikvica
couteau (m)	нож (м)	nož
crème (f)	павлака (ж)	pavlaka
crème (f) aigre	кисела павлака (ж)	kisela pavlaka
crème (f) au beurre	крем (м)	krem
crabe (m)	морски рак (м)	morski rak
crevette (f)	морски рачић (м)	morski račić
crustacés (m pl)	ракови (м мн)	rakovi
cuillère (f)	кашика (ж)	kašika
cuillère (f) à soupe	супена кашика (ж)	supena kašika
cuisine (f)	кухиња (ж)	kuhinja
cuisse (f)	димљена шунка (ж)	dimljena šunka
cuit à l'eau (adj)	куван	kuvan
cumin (m)	ким (м)	kim
cure-dent (m)	чачкалица (ж)	čačkalica
déjeuner (m)	ручак (м)	ručak
dîner (m)	вечера (ж)	večera
datte (f)	урма (ж)	urma
dessert (m)	десерт (м)	desert
dinde (f)	ћуран (м)	ćuran
du bœuf	говедина (ж)	govedina
du mouton	јагњетина (ж)	jagnjetina
du porc	свињетина (ж)	svinjetina
du veau	телетина (ж)	teletina
eau (f)	вода (ж)	voda
eau (f) minérale	кисела вода (ж)	kisela voda
eau (f) potable	вода (ж) за пиће	voda za piće
en chocolat (adj)	чоколадан	čokoladan
esturgeon (m)	јесетрина (ж)	jesetrina
fèves (f pl)	махунарке (ж мн)	mahunarke
farce (f)	млевено месо (с)	mleveno meso
farine (f)	брашно (с)	brašno
fenouil (m)	мирођија (ж)	mirođija
feuille (f) de laurier	ловор (м)	lovor
figue (f)	смоква (ж)	smokva
flétan (m)	иверак (м)	iverak
flet (m)	риба-лист (ж)	riba-list
foie (m)	џигерица (ж)	džigerica
fourchette (f)	виљушка (ж)	viljuška
fraise (f)	јагода (ж)	jagoda
fraise (f) des bois	шумска јагода (ж)	šumska jagoda
framboise (f)	малина (ж)	malina
frit (adj)	пржен	pržen
froid (adj)	хладан	hladan
fromage (m)	сир (м)	sir
fruit (m)	воћка (ж)	voćka
fruits (m pl)	воће (с мн)	voće
fruits (m pl) de mer	плодови (м мн) мора	plodovi mora
fumé (adj)	димљен	dimljen

gâteau (m)	колач (м)	kolač
gâteau (m)	пита (ж)	pita
garniture (f)	фил (м)	fil
garniture (f)	прилог (м)	prilog
gaufre (f)	облатне (мн)	oblatne
gazeuse (adj)	газирана	gazirana
gibier (m)	дивљач (ж)	divljač
gin (m)	џин (м)	džin
gingembre (m)	ђумбир (м)	đumbir
girolle (f)	лисичарка (ж)	lisičarka
glace (f)	лед (м)	led
glace (f)	сладолед (м)	sladoled
glucides (m pl)	угљени хидрати (м мн)	ugljeni hidrati
goût (m)	укус (м)	ukus
gomme (f) à mâcher	гума (ж) за жвакање	guma za žvakanje
grains (m pl)	зрно (с)	zrno
grenade (f)	нар (м)	nar
groseille (f) rouge	црвена рибизла (ж)	crvena ribizla
groseille (f) verte	огрозд (м)	ogrozd
gruau (m)	житарице (ж мн)	žitarice
hamburger (m)	хамбургер (м)	hamburger
hareng (m)	харинга (ж)	haringa
haricot (m)	пасуљ (м)	pasulj
hors-d'œuvre (m)	предјело (с)	predjelo
huître (f)	острига (ж)	ostriga
huile (f) d'olive	маслиново уље (с)	maslinovo ulje
huile (f) de tournesol	сунцокретово уље (с)	suncokretovo ulje
huile (f) végétale	зејтин (м)	zejtin
jambon (m)	шунка (ж)	šunka
jaune (m) d'œuf	жуманце (с)	žumance
jus (m)	сок (м)	sok
jus (m) d'orange	сок од наранџе (м)	sok od narandže
jus (m) de tomate	сок (м) од парадајза	sok od paradajza
jus (m) pressé	цеђени сок (м)	ceđeni sok
kiwi (m)	киви (м)	kivi
légumes (m pl)	поврће (с)	povrće
lait (m)	млеко (с)	mleko
lait (m) condensé	кондензовано млеко (с)	kondenzovano mleko
laitue (f), salade (f)	зелена салата (ж)	zelena salata
langoustine (f)	јастог (м)	jastog
langue (f)	језик (м)	jezik
lapin (m)	зец (м)	zec
lentille (f)	сочиво (с)	sočivo
les œufs	јаја (с мн)	jaja
les œufs brouillés	печена јаја (ж мн)	pečena jaja
limonade (f)	лимунада (ж)	limunada
lipides (m pl)	масти (ж мн)	masti
liqueur (f)	ликер (м)	liker
mûre (f)	купина (ж)	kupina
maïs (m)	кукуруз (м)	kukuruz
maïs (m)	кукуруз (м)	kukuruz
mandarine (f)	мандарина (ж)	mandarina

mangue (f)	манго (м)	mango
maquereau (m)	скуша (ж)	skuša
margarine (f)	маргарин (м)	margarin
mariné (adj)	мариниран, укисељен	mariniran, ukiseljen
marmelade (f)	мармелада (ж)	marmelada
melon (m)	диња (ж)	dinja
merise (f)	трешња (ж)	trešnja
miel (m)	мед (м)	med
miette (f)	мрва (ж)	mrva
millet (m)	просо (с)	proso
morceau (m)	комад (м)	komad
morille (f)	смрчак (м)	smrčak
morue (f)	бакалар (м)	bakalar
moutarde (f)	сенф (м)	senf
myrtille (f)	боровница (ж)	borovnica
navet (m)	репа (ж)	repa
noisette (f)	лешник (м)	lešnik
noix (f)	орах (м)	orah
noix (f) de coco	кокосов орах (м)	kokosov orah
nouilles (f pl)	резанци (м мн)	rezanci
nourriture (f)	храна (ж)	hrana
oie (f)	гуска (ж)	guska
oignon (m)	црни лук (м)	crni luk
olives (f pl)	маслине (ж мн)	masline
omelette (f)	омлет (м)	omlet
orange (f)	наранџа (ж)	narandža
orge (f)	јечам (м)	ječam
oronge (f) verte	отровна гљива (ж)	otrovna gljiva
ouvre-boîte (m)	отварач (м)	otvarač
ouvre-bouteille (m)	отварач (м)	otvarač
pâté (m)	паштета (ж)	pašteta
pâtes (m pl)	макароне (ж мн)	makarone
pétales (m pl) de maïs	кукурузне пахуљице (ж мн)	kukuruzne pahuljice
pétillante (adj)	газирана	gazirana
pêche (f)	бресква (ж)	breskva
pain (m)	хлеб (м)	hleb
pamplemousse (m)	грејпфрут (м)	grejpfrut
papaye (f)	папаја (ж)	papaja
paprika (m)	паприка (м)	paprika
pastèque (f)	лубеница (ж)	lubenica
peau (f)	кора (ж)	kora
perche (f)	грегеч (м)	grgeč
persil (m)	першун (м)	peršun
petit déjeuner (m)	доручак (м)	doručak
petite cuillère (f)	кашичица (ж)	kašičica
pistaches (f pl)	пистаћи (мн)	pistaći
pizza (f)	пица (ж)	pica
plat (m)	јело (с)	jelo
plate (adj)	негазирана	negazirana
poire (f)	крушка (ж)	kruška
pois (m)	грашак (м)	grašak

poisson (m)	риба (ж)	riba
poivre (m) noir	црни бибер (м)	crni biber
poivre (m) rouge	црвени бибер (млевени)	crveni biber (mleveni)
poivron (m)	паприка (ж)	paprika
pomme (f)	јабука (ж)	jabuka
pomme (f) de terre	кромпир (м)	krompir
portion (f)	порција (ж)	porcija
potiron (m)	тиква (ж)	tikva
poulet (m)	пилетина (ж)	piletina
pourboire (m)	бакшиш (м)	bakšiš
protéines (f pl)	протеини, беланчевине (мн)	proteini, belančevine
prune (f)	шљива (ж)	šljiva
pudding (m)	пудинг (м)	puding
purée (f)	пире (м) од кромпира	pire od krompira
régime (m)	дијета (ж)	dijeta
radis (m)	ротквица (ж)	rotkvica
rafraîchissement (m)	освежавајуће пиће (с)	osvežavajuće piće
raifort (m)	рен, хрен (м)	ren, hren
raisin (m)	грожђе (с)	grožđe
raisin (m) sec	суво грожђе (с)	suvo grožđe
recette (f)	рецепт (м)	recept
requin (m)	ајкула (ж)	ajkula
rhum (m)	рум (м)	rum
riz (m)	пиринач (м)	pirinač
russule (f)	глувара (ж)	gluvara
sésame (m)	сусам (м)	susam
safran (m)	шафран (м)	šafran
salé (adj)	слан	slan
salade (f)	салата (ж)	salata
sandre (f)	смуђ (м)	smuđ
sandwich (m)	сендвич (м)	sendvič
sans alcool	безалкохолан	bezalkoholan
sardine (f)	сардина (ж)	sardina
sarrasin (m)	хељда (ж)	heljda
sauce (f)	сос (м)	sos
sauce (f) mayonnaise	мајонез (м)	majonez
saucisse (f)	виршла (ж)	viršla
saucisson (m)	кобасица (ж)	kobasica
saumon (m)	лосос (м)	losos
saumon (m) atlantique	атлантски лосос (м)	atlantski losos
sec (adj)	сушен	sušen
seigle (m)	раж (ж)	raž
sel (m)	со (ж)	so
serveur (m)	конобар (м)	konobar
serveuse (f)	конобарица (ж)	konobarica
silure (m)	сом (м)	som
soja (m)	соја (ж)	soja
soucoupe (f)	тацна (ж)	tacna
soupe (f)	супа (ж)	supa
spaghettis (m pl)	шпагети (м мн)	špageti

steak (m)	бифтек (м)	biftek
sucré (adj)	сладак	sladak
sucre (m)	шећер (м)	šećer
tarte (f)	торта (ж)	torta
tasse (f)	шоља (ж)	šolja
thé (m)	чај (м)	čaj
thé (m) noir	црни чај (м)	crni čaj
thé (m) vert	зелени чај (м)	zeleni čaj
thon (m)	туњевина (ж)	tunjevina
tire-bouchon (m)	вадичеп (м)	vadičep
tomate (f)	парадајз (м)	paradajz
tranche (f)	парче (с)	parče
truite (f)	пастрмка (ж)	pastrmka
végétarien (adj)	вегетаријански	vegetarijanski
végétarien (m)	вегетаријанац (м)	vegetarijanac
verdure (f)	зелениш (м)	zeleniš
vermouth (m)	вермут (м)	vermut
verre (m)	чаша (ж)	čaša
verre (m) à vin	чаша (ж) за вино	čaša za vino
viande (f)	месо (с)	meso
vin (m)	вино (с)	vino
vin (m) blanc	бело вино (с)	belo vino
vin (m) rouge	црно вино (с)	crno vino
vinaigre (m)	сирће (с)	sirće
vitamine (f)	витамин (м)	vitamin
vodka (f)	водка (ж)	vodka
whisky (m)	виски (м)	viski
yogourt (m)	јогурт (м)	jogurt

Serbe-Français glossaire gastronomique

Serbe		Français
авокадо (м)	avokado	avocat (m)
ајкула (ж)	ajkula	requin (m)
алкохолно пиће (с)	alkoholno piće	boissons (f pl) alcoolisées
ананас (м)	ananas	ananas (m)
анис (м)	anis	anis (m)
аперитив (м)	aperitiv	apéritif (m)
апетит (м)	apetit	appétit (m)
артичока (ж)	artičoka	artichaut (m)
атлантски лосос (м)	atlantski losos	saumon (m) atlantique
бадем (м)	badem	amande (f)
бакалар (м)	bakalar	morue (f)
бакшиш (м)	bakšiš	pourboire (m)
банана (ж)	banana	banane (f)
бар (м)	bar	bar (m)
бармен (м)	barmen	barman (m)
безалкохолан	bezalkoholan	sans alcool
безалкохолано пиће (с)	bezalkoholano piće	boisson (f) non alcoolisée
беланце (с)	belance	blanc (m) d'œuf
бели лук, чешњак (м)	beli luk, češnjak	ail (m)
бело вино (с)	belo vino	vin (m) blanc
бисквити (м мн)	biskviti	biscuit (m)
бифтек (м)	biftek	steak (m)
бобица (ж)	bobica	baie (f)
бобице (ж мн)	bobice	baies (f pl)
бомбона (ж)	bombona	bonbon (m)
боровница (ж)	borovnica	myrtille (f)
босиљак (м)	bosiljak	basilic (m)
брашно (с)	brašno	farine (f)
брезов дед (м)	brezov ded	bolet (m) bai
бресква (ж)	breskva	pêche (f)
броколи (м)	brokoli	brocoli (m)
брусница (ж)	brusnica	airelle (f) rouge
буљон (м)	buljon	bouillon (m)
вадичеп (м)	vadičep	tire-bouchon (m)
вегетаријанац (м)	vegetarijanac	végétarien (m)
вегетаријански	vegetarijanski	végétarien (adj)
вермут (м)	vermut	vermouth (m)
вечера (ж)	večera	dîner (m)
виљушка (ж)	viljuška	fourchette (f)
вино (с)	vino	vin (m)
винска карта (ж)	vinska karta	carte (f) des vins
виршла (ж)	viršla	saucisse (f)

виски (м)	viski	whisky (m)
витамин (м)	vitamin	vitamine (f)
вишња (ж)	višnja	cerise (f)
вода (ж)	voda	eau (f)
вода (ж) за пиће	voda za piće	eau (f) potable
водка (ж)	vodka	vodka (f)
воће (с мн)	voće	fruits (m pl)
воћка (ж)	voćka	fruit (m)
вргањ (м)	vrganj	cèpe (m)
врућ	vruć	chaud (adj)
газирана	gazirana	gazeuse (adj)
газирана	gazirana	pétillante (adj)
глувара (ж)	gluvara	russule (f)
гљива, печурка (ж)	gljiva, pečurka	champignon (m)
говедина (ж)	govedina	du bœuf
горак	gorak	amer (adj)
грашак (м)	grašak	pois (m)
гргеч (м)	grgeč	perche (f)
грејпфрут (м)	grejpfrut	pamplemousse (m)
грожђе (с)	grožđe	raisin (m)
гума (ж) за жвакање	guma za žvakanje	gomme (f) à mâcher
гуска (ж)	guska	oie (f)
деверика (ж)	deverika	brème (f)
десерт (м)	desert	dessert (m)
дивљач (ж)	divljač	gibier (m)
дијета (ж)	dijeta	régime (m)
димљен	dimljen	fumé (adj)
димљена шунка (ж)	dimljena šunka	cuisse (f)
диња (ж)	dinja	melon (m)
додатак, зачин (м)	dodatak, začin	condiment (m)
доручак (м)	doručak	petit déjeuner (m)
ђумбир (м)	đumbir	gingembre (m)
житарице (ж мн)	žitarice	gruau (m)
житарице (ж мн)	žitarice	céréales (f pl)
жуманце (с)	žumance	jaune (m) d'œuf
замрзнут	zamrznut	congelé (adj)
зачин (м)	začin	épice (f)
зејтин (м)	zejtin	huile (f) végétale
зелена салата (ж)	zelena salata	laitue (f), salade (f)
зелени чај (м)	zeleni čaj	thé (m) vert
зелениш (м)	zeleniš	verdure (f)
зец (м)	zec	lapin (m)
зрно (с)	zrno	grains (m pl)
иверак (м)	iverak	flétan (m)
инстант кафа (ж)	instant kafa	café (m) soluble
јабука (ж)	jabuka	pomme (f)
јагњетина (ж)	jagnjetina	du mouton
јагода (ж)	jagoda	fraise (f)
јаја (с мн)	jaja	les œufs
јаје (с)	jaje	œuf (m)
јасикин турчин (м)	jasikin turčin	bolet (m) orangé
јастог (м)	jastog	langoustine (f)

јегуља (ж)	jegulja	anguille (f)
језик (м)	jezik	langue (f)
јело (с)	jelo	plat (m)
јеловник (м)	jelovnik	carte (f)
јесетрина (ж)	jesetrina	esturgeon (m)
јестива печурка (ж)	jestiva pečurka	champignon (m) comestible
јечам (м)	ječam	orge (f)
јогурт (м)	jogurt	yogourt (m)
кавијар (м)	kavijar	caviar (m)
кајсија (ж)	kajsija	abricot (m)
калорија (ж)	kalorija	calorie (f)
капућино (м)	kapućino	cappuccino (m)
каранфил (м)	karanfil	clou (m) de girofle
карфиол (м)	karfiol	chou-fleur (m)
кафа (ж)	kafa	café (m)
кафа (ж) са млеком	kafa sa mlekom	café (m) au lait
каша (ж)	kaša	bouillie (f)
кашика (ж)	kašika	cuillère (f)
кашичица (ж)	kašičica	petite cuillère (f)
киви (м)	kivi	kiwi (m)
кикирики (м)	kikiriki	cacahuète (f)
ким (м)	kim	cumin (m)
кисела вода (ж)	kisela voda	eau (f) minérale
кисела павлака (ж)	kisela pavlaka	crème (f) aigre
клас (м)	klas	épi (m)
кобасица (ж)	kobasica	saucisson (m)
кокосов орах (м)	kokosov orah	noix (f) de coco
коктел (м)	koktel	cocktail (m)
колач (м)	kolač	gâteau (m)
комад (м)	komad	morceau (m)
кондензовано млеко (с)	kondenzovano mleko	lait (m) condensé
конзервирана храна (ж)	konzervirana hrana	conserves (f pl)
конобар (м)	konobar	serveur (m)
конобарица (ж)	konobarica	serveuse (f)
коњак (м)	konjak	cognac (m)
кора (ж)	kora	peau (f)
кориандер (м)	koriander	coriandre (m)
краставац (м)	krastavac	concombre (m)
крем (м)	krem	crème (f) au beurre
кромпир (м)	krompir	pomme (f) de terre
крушка (ж)	kruška	poire (f)
куван	kuvan	cuit à l'eau (adj)
кукуруз (м)	kukuruz	maïs (m)
кукуруз (м)	kukuruz	maïs (m)
кукурузне пахуљице (ж мн)	kukuruzne pahuljice	pétales (m pl) de maïs
купина (ж)	kupina	mûre (f)
купус (м)	kupus	chou (m)
кухиња (ж)	kuhinja	cuisine (f)
лед (м)	led	glace (f)
лешник (м)	lešnik	noisette (f)

лигња (ж)	lignja	calamar (m)
ликер (м)	liker	liqueur (f)
лимун (м)	limun	citron (m)
лимунада (ж)	limunada	limonade (f)
лисичарка (ж)	lisičarka	girolle (f)
ловор (м)	lovor	feuille (f) de laurier
лосос (м)	losos	saumon (m)
лубеница (ж)	lubenica	pastèque (f)
мајонез (м)	majonez	sauce (f) mayonnaise
макароне (ж мн)	makarone	pâtes (m pl)
малина (ж)	malina	framboise (f)
манго (м)	mango	mangue (f)
мандарина (ж)	mandarina	mandarine (f)
маргарин (м)	margarin	margarine (f)
мариниран, укисељен	mariniran, ukiseljen	mariné (adj)
мармелада (ж)	marmelada	marmelade (f)
маслац (м)	maslac	beurre (m)
маслине (ж мн)	masline	olives (f pl)
маслиново уље (с)	maslinovo ulje	huile (f) d'olive
масти (ж мн)	masti	lipides (m pl)
маховница (ж)	mahovnica	canneberge (f)
махунарке (ж мн)	mahunarke	fèves (f pl)
мед (м)	med	miel (m)
месо (с)	meso	viande (f)
милкшејк (м)	milkšejk	cocktail (m) au lait
мирођија (ж)	mirođija	fenouil (m)
млевено месо (с)	mleveno meso	farce (f)
млеко (с)	mleko	lait (m)
морски рак (м)	morski rak	crabe (m)
морски рачић (м)	morski račić	crevette (f)
мрва (ж)	mrva	miette (f)
мухомор (м)	muhomor	amanite (f) tue-mouches
нар (м)	nar	grenade (f)
наранџа (ж)	narandža	orange (f)
негазирана	negazirana	plate (adj)
нож (м)	nož	couteau (m)
облатне (мн)	oblatne	gaufre (f)
овас (м)	ovas	avoine (f)
огрозд (м)	ogrozd	groseille (f) verte
омлет (м)	omlet	omelette (f)
орах (м)	orah	noix (f)
освежавајуће пиће (с)	osvežavajuće piće	rafraîchissement (m)
острига (ж)	ostriga	huître (f)
отварач (м)	otvarač	ouvre-bouteille (m)
отварач (м)	otvarač	ouvre-boîte (m)
отровна гљива (ж)	otrovna gljiva	oronge (f) verte
отровна печурка (ж)	otrovna pečurka	champignon (m) vénéneux
павлака (ж)	pavlaka	crème (f)
папаја (ж)	papaja	papaye (f)
паприка (ж)	paprika	poivron (m)
паприка (м)	paprika	paprika (m)

парадајз (м)	paradajz	tomate (f)
парче (с)	parče	tranche (f)
пастрмка (ж)	pastrmka	truite (f)
пасуљ (м)	pasulj	haricot (m)
патка (ж)	patka	canard (m)
паукус (м)	paukus	arrière-goût (m)
паштета (ж)	pašteta	pâté (m)
першун (м)	peršun	persil (m)
печена јаја (ж мн)	pečena jaja	les œufs brouillés
пиво (с)	pivo	bière (f)
пилетина (ж)	piletina	poulet (m)
пире (м) од кромпира	pire od krompira	purée (f)
пиринач (м)	pirinač	riz (m)
пистаћи (мн)	pistaći	pistaches (f pl)
пита (ж)	pita	gâteau (m)
пица (ж)	pica	pizza (f)
плави патлиџан (м)	plavi patlidžan	aubergine (f)
плодови (м мн) мора	plodovi mora	fruits (m pl) de mer
поврће (с)	povrće	légumes (m pl)
порција (ж)	porcija	portion (f)
посластичарски производи (м мн)	poslastičarski proizvodi	confiserie (f)
предјело (с)	predjelo	hors-d'œuvre (m)
пржен	pržen	frit (adj)
Пријатно!	Prijatno!	Bon appétit!
прилог (м)	prilog	garniture (f)
прокељ (м)	prokelj	chou (m) de Bruxelles
просо (с)	proso	millet (m)
протеини, беланчевине (мн)	proteini, belančevine	protéines (f pl)
пудинг (м)	puding	pudding (m)
пшеница (ж)	pšenica	blé (m)
раж (ж)	raž	seigle (m)
ракови (м мн)	rakovi	crustacés (m pl)
рачун (м)	račun	addition (f)
резанци (м мн)	rezanci	nouilles (f pl)
рен, хрен (м)	ren, hren	raifort (m)
репа (ж)	repa	navet (m)
рецепт (м)	recept	recette (f)
риба (ж)	riba	poisson (m)
риба-лист (ж)	riba-list	flet (m)
ротквица (ж)	rotkvica	radis (m)
рум (м)	rum	rhum (m)
ручак (м)	ručak	déjeuner (m)
са ледом	sa ledom	avec de la glace
салата (ж)	salata	salade (f)
сардина (ж)	sardina	sardine (f)
светло пиво (с)	svetlo pivo	bière (f) blonde
свињетина (ж)	svinjetina	du porc
сендвич (м)	sendvič	sandwich (m)
сенф (м)	senf	moutarde (f)
сир (м)	sir	fromage (m)

сирће (c)	sirće	vinaigre (m)
скуша (ж)	skuša	maquereau (m)
сладак	sladak	sucré (adj)
сладолед (м)	sladoled	glace (f)
слан	slan	salé (adj)
сланина (ж)	slanina	bacon (m)
слатко (c)	slatko	confiture (f)
смоква (ж)	smokva	figue (f)
смрчак (м)	smrčak	morille (f)
смуђ (м)	smuđ	sandre (f)
со (ж)	so	sel (m)
соја (ж)	soja	soja (m)
сок (м)	sok	jus (m)
сок (м) од парадајза	sok od paradajza	jus (m) de tomate
сок од наранџе (м)	sok od narandže	jus (m) d'orange
сом (м)	som	silure (m)
сос (м)	sos	sauce (f)
сочиво (c)	sočivo	lentille (f)
спанаћ (м)	spanać	épinard (m)
суво грожђе (c)	suvo grožđe	raisin (m) sec
сунцокретово уље (c)	suncokretovo ulje	huile (f) de tournesol
супа (ж)	supa	soupe (f)
супена кашика (ж)	supena kašika	cuillère (f) à soupe
сусам (м)	susam	sésame (m)
сушен	sušen	sec (adj)
тамно пиво (c)	tamno pivo	bière (f) brune
тањир (м)	tanjir	assiette (f)
тацна (ж)	tacna	soucoupe (f)
телетина (ж)	teletina	du veau
тиква (ж)	tikva	potiron (m)
тиквица (ж)	tikvica	courgette (f)
торта (ж)	torta	tarte (f)
трешња (ж)	trešnja	merise (f)
туњевина (ж)	tunjevina	thon (m)
ћуран (м)	ćuran	dinde (f)
угљени хидрати (м мн)	ugljeni hidrati	glucides (m pl)
укус (м)	ukus	goût (m)
укусан	ukusan	bon (adj)
урма (ж)	urma	datte (f)
фил (м)	fil	garniture (f)
хамбургер (м)	hamburger	hamburger (m)
харинга (ж)	haringa	hareng (m)
хељда (ж)	heljda	sarrasin (m)
хладан	hladan	froid (adj)
хлеб (м)	hleb	pain (m)
храна (ж)	hrana	nourriture (f)
цвекла (ж)	cvekla	betterave (f)
цеђени сок (м)	ceđeni sok	jus (m) pressé
целер (м)	celer	céleri (m)
цимет (м)	cimet	cannelle (f)
црвена рибизла (ж)	crvena ribizla	groseille (f) rouge
црна кафа (ж)	crna kafa	café (m) noir

црвени бибер (млевени)	crveni biber (mleveni)	poivre (m) rouge
црна рибизла (ж)	crna ribizla	cassis (m)
црни бибер (м)	crni biber	poivre (m) noir
црни лук (м)	crni luk	oignon (m)
црни чај (м)	crni čaj	thé (m) noir
црно вино (с)	crno vino	vin (m) rouge
чај (м)	čaj	thé (m)
чачкалица (ж)	čačkalica	cure-dent (m)
чаша (ж)	čaša	verre (m)
чаша (ж) за вино	čaša za vino	verre (m) à vin
чоколада (ж)	čokolada	chocolat (m)
чоколадан	čokoladan	en chocolat (adj)
џем (м)	džem	confiture (f)
џигерица (ж)	džigerica	foie (m)
џин (м)	džin	gin (m)
шампањац (м)	šampanjac	champagne (m)
шаран (м)	šaran	carpe (f)
шаргарепа (ж)	šargarepa	carotte (f)
шафран (м)	šafran	safran (m)
шећер (м)	šećer	sucre (m)
шљива (ж)	šljiva	prune (f)
шоља (ж)	šolja	tasse (f)
шпагети (м мн)	špageti	spaghettis (m pl)
шпаргла (ж)	špargla	asperge (f)
штука (ж)	štuka	brochet (m)
шумска јагода (ж)	šumska jagoda	fraise (f) des bois
шунка (ж)	šunka	jambon (m)